刘哲作品

法律不是冰冷的逻辑
而是公道自在人心

刘哲 著

清华大学出版社
北京

本书封面贴有清华大学出版社防伪标签，无标签者不得销售。

版权所有，侵权必究。举报：010-62782989，beiqinquan@tup.tsinghua.edu.cn。

图书在版编目（CIP）数据

法律不是冰冷的逻辑，而是公道自在人心 / 刘哲著 .
北京 : 清华大学出版社 , 2024.7. -- (刘哲作品).
ISBN 978-7-302-66834-3

Ⅰ . D926-53
中国国家版本馆 CIP 数据核字第 2024X2B671 号

责任编辑：刘　晶
封面设计：徐　超
版式设计：方加青
责任校对：王荣静
责任印制：沈　露

出版发行：清华大学出版社
　　　　　网　　址：https://www.tup.com.cn，https://www.wqxuetang.com
　　　　　地　　址：北京清华大学学研大厦 A 座　　邮　　编：100084
　　　　　社 总 机：010-83470000　　　　　　　　邮　　购：010-62786544
　　　　　投稿与读者服务：010-62776969，c-service@tup.tsinghua.edu.cn
　　　　　质 量 反 馈：010-62772015，zhiliang@tup.tsinghua.edu.cn
印 装 者：三河市东方印刷有限公司
经　　销：全国新华书店
开　　本：145mm×210mm　　印　张：7.625　　字　数：150 千字
版　　次：2024 年 7 月第 1 版　　印　次：2024 年 7 月第 1 次印刷
定　　价：69.80 元

产品编号：107129-01

作者简介

刘哲，北京市人民检察院首批入额检察官，2021年入选全国检察机关普通犯罪检察人才库，最高人民检察院确定的首批"检察实务专家进校园"师资人员。曾办理山西溃坝案、上诉不加刑审判监督程序抗诉案，设计并组织研发刑事公诉出庭能力培养平台。起草的《北京市人民检察院关于公诉案件起诉书制作的规范意见（试行）》被最高人民检察院全文转发；组织设计的捕诉一体和认罪认罚版审查报告模板被最高人民检察院推广，并纳入统一办案系统2.0文书模板库；撰写的出庭意见书获评2022年度全国检察机关刑事检察优秀释法说理法律文书。受邀在全国检察机关第十期、第十一期优秀公诉人高级研修班，全军检察机关公诉工作会议暨新修改刑诉法培训班，全国公安机关打击药品安全犯罪专题培训班，河北、山西、江苏、广东、贵州、海南等省级检察机关，中国人民大学、中国政法大学等高校围绕刑事检察相关内容授课。提出"你办的不是案子，而是别人的人生"的理念被电影《第二十条》作为台词采用。

著有《检察再出发》《你办的不是案子,而是别人的人生》《法治无禁区》《司法观》《法律职业的选择》《司法的趋势》《司法的长期主义》《认罪认罚50讲》《正义感》《司法与责任》《司法观·日知录》《法律人的同理心》《轻罪治理50讲》。

序 言

人心总有一杆秤

　　法律是不是冰冷的逻辑，关键在于司法，也就是如何适用法律。

　　法律从文本意义上来说可能就是一套逻辑体系，或者说是规则体系。

　　所谓徒法不足以自行，指的就是光有一套法律的逻辑体系是没有用的，还必须应用于实践。将法律应用于实践就是司法的本质功能。但是如何应用，才是最需要关心的问题。

　　近几年来，人们反对的机械执法就是对法律的机械性应用。这种机械性应用就是只关注法律规则的字面意思，忽视了整体意思和实质内涵。仅仅从字面意义来理解法律、执行法律的行为，就是让法律变得冰冷的根源。

　　法律的确是一套逻辑体系，但它本身并不冰冷。

　　法律作为通过自然语言表达的规则有其局限性，主要体现在其滞后性、不全面性和模糊性。

社会发展了，但是法律改不了那么快，是为滞后性；人总有想不到的地方，法律不可能事无巨细都考虑到，是为不全面性；自然语言不是数学语言，难免不够精准，是为模糊性。

而且最重要的是，法律的规则不是约束自然规律，而是约束人的行为。人不是物体，他有自身的不确定反应，每个人性格、经历、道德水平都存在很大的差别。

同样的法律，给每个人带来的感受是不一样的，不同情境下人们的反应也不一样。也就是法律之于人，与生产规则之于产品的效果完全不一样。产品可以标准化，人无法标准化，人的行为更无法标准化。

产品的生产规则直接决定了产品的性能和质量。随着工业化和自动化水平的提高，这种标准化程度越来越高，生产规模也越来越大。

当然，如果生产规则出了问题，那么产品也会批量地出问题。但是人不一样，法律规则不会直接引发人们的行为反应。

比如国家出台了一部法律，可能有一些人关注到了，但是他们也不太会马上将其纳入自己的行为规范，还有更多的人并未关注，甚至不知道，人们更多是通过遇到的事来做出反应。

这个事就是案件。不一定是自己摊上的事，可能是身边人，也可能是社会上的其他人遇到的事。

这个事的解决自然就需要司法机关出场。比如正当防卫，很多人都知道有正当防卫这个概念。问题是，他们不太敢把"正当防卫"当回事，比如别人打你了，你可以反抗，反抗是无罪的，但他们并不十分确定，因为他们不敢笃定地相信司法机关会这么认定。

因为法律是法律，现实是现实。对于普通人来说，现实才是最重要的。

而现实指的就是司法机关具体运用法律的方式，在实际案例中运用的法律才是活的法律，才是真的法律，才是现实当中直接影响人的命运的法律。

但法律的运用好像不是那么讲理，比如涉及正当防卫的时候，过于苛责限度、时机、必要性这些条件，很多看起来有防卫性质的案件，最后都没有被认定为正当防卫。

法律中有正当防卫，现实中认定不了，那这个正当防卫也就相当于空中楼阁。

要求限度、时机、必要性这些专业的条件限制，似乎也是在讲法律规则的严谨性，在追求教科书般完美的正当防卫模式，对于普通公众来说，这样再冰冷不过。

这就像前些年的气枪大妈案、外卖小哥办假证案等，都是在讲法律逻辑和法律规则，但却忽视了法律规则的现实语境。

你小时候用气枪打过气球吗？现在为什么非要将之认定为犯罪？是因为所谓的"比动能"标准吗？

这到底是什么意思？

这种归罪就是用标准化的、机械化的眼光来理解人和人的行为，它忽视了语境和历史。刑法的本质是要惩罚那些具有严重社会危害性的行为，然后给这些千差万别的行为归类，并给其中的一部分设定罪名。

有些行为即使有危害性，但是因为没有归类描述，也就不能当作犯罪处理，因为罪刑法定。为什么要有罪刑法定原则？目的就是避免人们的随意性。设定罪名的权力必须由立法机关来行使，司法机关也不能类推适用。

有些虽然能够被归类，但是严重程度远远达不到刑罚惩罚的标准。有些形式上达到了，但实质上并未达到。但是有些人只看形式不看实质。形式标准往往显示的是数量、结果，这些是可以量化的标准，比较容易辨识和判断，操作起来比较简单。这就像产品的质量检测员，看两个参数就可以判断这个产品是不是合格产品。

但人的行为不能这样衡量，不能通过一两个参数就进行简单的判断。对人的行为的判断必须要回归到人的复杂性，也就是要综合地、实质地判断。这种判断方式必然会麻烦一些，但这种麻烦又是一种必须。逃避这种麻烦的判断方式就容易形成机械执法，让法律的逻辑显得冰冷。因为它只是抽取了法律规范中定量的规则，而忽视了那些非定量的规则——把案件当作数学问题了，那自然是冷冰冰的。

还有的时候，它只是强调法律要反对的一面，比如造成了损害的结果——把人打伤了,但它忽视了损害的原因——为什么要打,从而忽视了法律所鼓励和认可的一面,比如对自我权利的保护和见义勇为。

这个时候,法律就像一个苛责的家长,总是看到自己孩子不好的一面,对好的一面从来不提,也不问青红皂白,总是简单粗暴地对待孩子。这样的家长会给孩子能留下什么样的印象?

这就是此时法律和司法给人留下的印象,冰冷而专断。在这种背景得出的司法结论必然难以令人信服。

因为人心总有一杆秤。

这杆秤是数千年来积累下来的文明成果和伦理道德规范。它评价过兴亡得失,评价过人物功过。它是不断传承积淀下来的是非观、正义感。而且这些基本观念经过历史的淘洗和广泛的传播,具有相当强的共识性和稳定性。

一个案件办得是否公平,公众心里也会有一个大致的判断。一旦显失公平、背离常识常情常理,人们都能够感受到。

因为常识常情常理是印刻在人们心中的道德律令,它来自教育、文化和传统,浑然不觉,但却深入骨髓。

所谓人性化的司法观,就是要关照这些印刻于每个人心中的常识常情常理,仔细体察犯罪背后的原因,了解当事人的不得已,存一份了解之同情。

也就是在关注定量入罪标准的同时,还要注意那些非定量的入罪标准，不能忽视情节显著轻微、危害不大这些综合判断的出罪机制，以及正当防卫这样的正当化事由。

在判断出罪机制和正当化事由的时候，不能板着面孔，过于苛责，因为我们办的不是案子，而是别人的人生。应该从影响别人一生这样的分量去权衡司法标准。好的法律人一定不是只讲逻辑性，而不讲人性的。

人性可能是更大的逻辑性，是法律安身立命的根本。法律脱离了人性还如何让人信服？法律如果不被信服将形同虚设。

事实上，人们心中的那杆秤不仅在评价个案，也在评价整体。这杆秤也不是我们想起来了就参照一下、想不起来就算了的。因为它也会对司法官和司法制度整体做出评判。作为司法官，我们要敬畏人们心中的这杆秤。

因为它是良法与善治的依归。

刘哲
2024 年春于西直门

目　录

第一章　是非 / 001

法律不是冰冷的逻辑 / 002

办案要分是非曲直 / 013

往构上论 / 024

是非重不重要？ / 028

办案中的批判性思维 / 033

"书生办案" / 038

案件讨论 / 044

100%确信 / 049

有争议的案件是否要起诉？ / 055

私了 / 061

公了 / 066

第二章　公道　/　071

　　公道，是条绕远的道　/　072
　　如何理解天理　/　077
　　健全的常识　/　081
　　捕与不捕　/　087
　　为什么要容错？　/　094
　　一面是情有可原，一面是无法可恕，怎么办？　/　101
　　对撤回起诉应作实质评价　/　107
　　裁判文书公开有利于提高办案质量　/　113
　　犯罪标签化　/　119
　　如何去犯罪标签？　/　124
　　把处分从档案中撤出来　/　129
　　轻罪犯罪记录封存制度的构建　/　134

第三章 人心 / *141*

国法与人情 / 142

人情是案件中的特殊性 / 147

犯罪的不确定性 / 151

暴力也是一种路径依赖 / 155

拿钱最少的去杀人 / 161

你现在再厉害,也只是个逃犯 / 167

《大梦》和怎么办 / 172

第四章　坚守　/ 177

　　司法的坚守　/ 178
　　我们要的正义都实现了吗？　/ 182
　　心中法　/ 187
　　对自己保持诚实　/ 194
　　及时反馈　/ 198
　　等有空的时候再说　/ 203
　　说服别人的时候，没法念稿　/ 209
　　走出舒适区　/ 214
　　永不止步　/ 221

后记　/ 227

第一章 是非

法律不是冰冷的逻辑

看了电影《第二十条》，心潮澎湃，久久不能平静。

它不只是一部法律题材的电影，它更是一部属于每个人的生活片。

当然，"第二十条"指的就是《刑法》第二十条，也就是正当防卫的条款。

这个条款是那么熟悉，又那么陌生。

内容大家都是知道的，但是又有多少人真正了解它的本质含义，以及那沉甸甸的分量？它砸在人头上，就是一个人的命运，甚至是一个家庭的命运，以及名誉、尊严、自由这些最宝贵的东西。

它会影响一个人的是非观和正义感。

电影中，检察官韩明的儿子韩雨辰因为见义勇为反倒被人告了，要被拘留，给家里惹了大麻烦，让父母低三下四地想要与人和解。等到被小混混毒打时，他已经不敢还手了，因为他不能确定,如果他还了手会不会又给家里惹麻烦。

这让人感到憋屈,憋屈的原因在于:是非观念被混淆,正义感发生动摇。

张贵生作为一名公交车司机,看到女乘客被骚扰欺负,挺身而出,但被围殴,在围殴的过程中反击致人颅骨骨折。张贵生的行为被拆分成几个阶段来审视,说一开始是见义勇为,后来变成互殴,最后变成故意伤害。

张贵生一家人都无法咽下这个苦果,他们要一个公道,他们无法接受司法机关给出的结论,这与他们的常识悖之千里。

张贵生的女儿质问韩明:如果你在公交车上,你会怎么办?

如果习惯性、机械化地套用法条,法律就成了冰冷的逻辑。

感觉形式上构,有结果、有行为、有意图,割裂开来在一个静态的特定的画面下,似乎就符合刑法的规定。

但是,我们有没有认真地思考一下"犯罪"的原因?一个老实巴交的人为什么要打人、要杀人?

案子办多了,我们还有没有耐心去倾听"犯罪"的理由,查清犯罪的原因,体会当事人的不得已之处,存一份了解之同情?

1. 你觉得这些都对吗?

这是检察官吕玲玲发出的质问。

当时她与韩明在争论王永强这个案子到底应该怎么办。韩明举了很多之前的案例:"原来都是这么办的啊。"

是的,原来是这么办的,现在就仍然要这样办吗?原来这么办就一定对吗?我们有没有回到法律的本质来理解法条的实质内涵?

我们现在知道《刑法》第二十条曾经被称为"沉睡的条款",就是说法律的意思已经表达出来了,只是我们不敢用。

这里有司法理念需要不断转变的问题。

也就是说,立法的理念转变过来了,司法的理念未必能够一步到位地转变过来,这就可能发生适用偏误,人为设定条件和门槛,从而背离立法的精神。

这只是《刑法》第二十条的问题?还有没有其他沉睡的条款?

如果我们的理念没有转变过来,此前的法律适用存在偏误,那么在这种落后的司法理念指导下办理的案件必然也会发生偏误。

如果我们再效仿这些案例来指导现在的办案,就只能原地踏步,一错再错,继续让法条沉睡,让正义无法得到伸张。

除此之外,法律还存在滞后性,有些立法在制定之初是没问题的,但是随着社会的发展,可能不再适应新的形势了,这时如果仍然机械理解,也必然背离时代发展的趋势,与时代脱节。

这些法律在没有修订之前也需要我们结合法律的体系框架和时代需要进行新的解释,从而使司法更加符合时代的需要。

对于这些情况，我们也一样不能照搬老皇历。不是过去能诉的，今天也一样能诉；过去能判的，今天也一样能判。

对此，司法官应该具有一定的批判思维，应该动态地、辩证地理解法律的实质和时代的变迁，不断用常情常理常识来校正我们的司法理念，满足公众不断提升的法治诉求。

同时，我们还要解决为什么不敢尝试、不敢激活沉睡条款的问题。

沿用惯例不容易出错，即使出错，责任也不大，因为毕竟有所依凭和参考。即便错，也是大家都错了，不是个人的责任。

但是如果作出一个与以往都不同的结论，不仅要受到质疑，而且还会承担风险，这就需要极大的勇气。

我们应该珍视和保护这种司法勇气，不能让他们也遭遇不公，这样才能保护司法创造力和司法活力，使得他们有动力去推动司法理念的进步。也就是在解决外部性机械执法问题的同时，还要解决内部性机械执法的问题。

2. 法不能向不法低头

这是电影里多次出现的台词，也是司法机关的执法理念。

其实这也是朴素的正义观，是正当防卫观念的核心要义。

被打了为什么不能还手？见义勇为有什么错？被反复折磨、欺辱，面临重大人身安全遭受威胁，为什么不能勇敢反抗？

是不是谁伤得重谁就有理，谁能闹谁就有理？

正义应该有自己的底气。

虽然这些奋起反击的人并不是强者，无论在身体上还是气势上可能都不占优势，他们平时也不爱打架，甚至不会打架，就没打过架。

但他们仍然有一种凛然之气，因为他们坚信自己站在正确的一面，站在道义的一面。

高中生韩雨辰在厕所看到被霸凌的同学，他没有躲事，他敢把衣服递给被欺负的同学。虽然霸凌的同学人多、霸道，但是韩雨辰也敢于和他们正面对峙。他是一个男子汉。这样的孩子长大了也更能成为一个不躲事、不怕事、更加有担当的人，这不正是我们的期待吗？

公交车司机张贵生看到女乘客被欺负，没有装作没看见，在年龄、身体都不占优势、寡不敌众的情况下，仍然敢于出手，给整个公交车上的人都做了示范。在乘客眼中，在妻女眼中，他是一个英雄。如果没有这样一个人站出来，被欺负的女乘客和一整车的人能看到公义吗？

为了给女儿治病而借高利贷的王永强，面对反复强奸自己妻子的恶霸债主，自己也屡遭折磨，忍无可忍扑倒债主，在债主威胁要回车取刀砍死自己的情况下，能不拼死反抗吗？作为一个人，一个男人，还能让他怎样控制和把握自己反击的限度和分寸？

以结果、限度、紧迫性、侵害行为终了为由来否定正当防卫的理由，都是一种过度苛责。

这是以事后的理性冷醒和清晰准确来评判当时的恐惧和慌乱，脱离了犯罪现场的特殊情景，是以冰冷的法律逻辑来理解人性和人的困境。

这是将整体案件分段看待、切片看待，割裂了案件发生的原因和自然演进过程，让案件在局部上成立、在整体上却不成立。

这种只看局部不看整体，忽视当时具体情形的判断，必然扭曲了是非曲直，背离了常识常理。从而产生一种错误的示范和导向，让孩子学会只能挨打而不敢反抗，或者见事就躲，这样就能够尽量避免麻烦。

但是不想惹麻烦，麻烦就不会找你了吗？

就像王永强一家一样，祸从天降，想躲也躲不开。

你看到别人被霸凌，你就走开。你被霸凌的时候，别人还会站出来吗？

公交车上有人受欺负都没人管，那么你受欺负了呢？你的家人受欺负了呢？

人家跑到你家里来欺负你，你躲无可躲又怎么办？

良心上过得去吗？

这个世界从来不会自然而然地变得更好。

法不能向不法让步，主张的是一种勇气，一种敢于担当的道义力量，是一种凛然之气，一种社会正气。

当人们在保护自己和他人的时候，我们不能过于苛责。

只有明显超过必要限度，同时造成严重损害结果的才可能构成防卫过当。

而且在制止行凶、杀人、抢劫、强奸、绑架等严重危及人身的暴力犯罪的时候，采取防卫行为，即使造成不法侵害人伤亡的，也不属于防卫过当，不需要承担刑事责任。

对于这些能够认定正当防卫的案件，我们不能人为设置条件。对于起因、时间、对象、结果、限度等条件的判断，应该坚持主客观相一致的原则，设身处地地考虑防卫人的具体处境，能够认定正当防卫的应该旗帜鲜明地予以认定。

既不能按照机械执法的惯性，套用法条，唯结果论，或者唯惯例论；也不能保守认定、模糊认定，明明应该作法定不起诉的，而留有余地做出相对不起诉或者存疑不起诉。

我们支持法的态度不清晰、不明确，法就不敢坚决地对不法说不，就可能向不法让步和妥协，让不法的目的得逞，让正义无法得到弘扬。

勇气是非常稀缺和脆弱的。勇气有时并不来自理智的判断和精细的考量。

它往往来自习惯，有时甚至是一时冲动、条件反射。

这种习惯来自家人、学校和社会氛围的营造和渲染，是一个漫长的过程。

如果他父亲是一个见义勇为的人，而且还得到了社会的肯定，那么他也可能效仿，因为他也想做一个英雄。

但是如果他的父亲因为见义勇为而被判刑且不能得到纠正，那么他必然会对见义勇为有所犹豫。他父亲的同事、亲友、了解情况的乘客、听说过这件事的公众，以及这些人的亲友就会通过自己的社交网络传播一种理念，那就是"不要管闲事"。

为什么唤醒正当防卫条款这么难？因为它不是一两个案例能解决的事，它需要千百个案例，需要让正当防卫的理念成为共识，深入人心，成为社会习惯，再进一步成为每个人的潜意识和直觉反应。

让大多数人都敢于出手，敢于管事，司法机关就要坚定不移、始终如一地支持正当防卫和见义勇为。这样一来，个别的勇气才能变成习惯，习惯才能形成风气，对不法行为人人喊打，伸手就可能付出代价，且无法通过代价要挟到任何利益。这样，社会就可以收获和谐红利，降低社会治理的成本，提高合法行为的产出效益。

法对不法一步不让，不法才能寸步难行。

不法没有市场，正义才能大行其道。

3. 我们办的不是案子，而是别人的人生

这句台词在电影中出现过两次，目前已成为法律界的共识。

所谓的机械执法往往是流水线作业的职业疲倦感带来的。

案子办得多了，就会变得麻木：差不多就行了，为什么要较劲儿？

好多人都觉得吕玲玲太较劲儿，两次退补还不起诉，还非要找什么刀，找什么证人。明明有监控录像为什么还要这么麻烦？为什么要惹大家都不高兴，案子迟迟办不完？

因为吕玲玲没有简单地把它当作一个案子，她知道这个案子会影响王永强的一生，也会影响他家人的一生。

而且这个案子并没那么简单，不能简单地得出起诉的结论。

她为什么在意那把刀？

因为如果刀确实存在，那就意味着王永强的辩解成立，债主刘文经当时不仅扬言要砍死他，而且是真的有可能砍死他，因为车上真的有刀。

再加上刘文经一贯对王永强的虐待、对王永强妻子的强暴，可见其暴力的一惯性。尤其是在王永强敢于反抗扑倒他、他已经恼羞成怒的情况下。

王永强已经被刘文经欺负怕了，他对于刘文经将要实施的暴力十分确信，如果自己被杀了，妻子就要受到更加肆无忌惮的蹂躏。在惊恐和慌乱的作用下，王永强使用家里的剪刀多次扎刺刘文经，导致其送医数日后死亡。

要说扎刺这么多刀完全没有发泄的情绪，肯定谁都不信。

但是这些情绪是与刘文经将要取刀砍死自己的恐惧混合在

一起的，这是一种紧张、恐惧、发泄混合交织的主观心态。

虽然伤口多，但都不深，没有致命伤，可见王永强的行为也并非完全失去控制。

我们不可能苛责地要求王永强在防卫一个多次强奸自己妻子的人时，还要完全没有恨意。

我们也不能苛责王永强扎刺的刀数太多，谁又能确定用剪刀扎多少次，才能保证对方完全没有反抗能力？

不要忘了，对方可是将王永强直接锁在铁链子上的，这是多严重的侮辱和暴力？

也正是因为这把刀太关键了，刘文经家人才把它转移并抛弃了。

为了找这把刀，还要找看到过这把刀的证人。同时，还要找到王永强的妻子，证实这一直以来的暴力和强奸行为。

证实了这些，才能证明防卫的原因和紧迫性，才能让正当防卫这个证据链条被串联起来。

而刘文经家人就是千方百计地要将证据破坏掉，或者颠倒黑白。电影的许多情节都反映了这场证据的争夺战。

韩明和吕玲玲为什么要拼死与对方争夺证据？

为的就是要还王永强清白，还王永强一家清白的人生。

这哪里是案子，这就是别人的人生。

轻易的一放手，按照惯例就可以起诉、判决，就可以应付差事。但是王永强一家的命运就会被葬送。

王永强的妻子为什么要跳楼？因为她受不了以孩子逼迫自己篡改证据，那样她就把自己的丈夫害了，也毁了一家人的清白。她宁愿去死也要守住自己和家人的清白，即使置未成年的女儿于不顾。

　　清白重不重要？它有的时候重于生命。

　　因为它是是非，它是公道，它是人心。

　　为什么说我们办的不是案子，而是别人的人生？因为它关乎是非、公道和人心。

　　它不是一个任务，它不是一个活儿，它是别人的人生，我们必须将别人的人生捧在自己的手里来掂量，我们必须十分慎重地使用我们的刑事追诉权。

　　只有善意才能传递善意，恶意只能换来恶意。

　　尊重和理解都是双向的，只有司法者发自内心地尊重和信仰法律，依法办案，不畏千难万险秉公执法，才会让公众信仰法律，相信法律，相信法治的精神能够确定地实现。

　　法律不是冰冷的逻辑，法律是公道自在人心。

办案要分是非曲直

电影《第二十条》告诉我们，要想实现公平正义，办案就一定要分是非曲直。

不分是非曲直，以结果定案，以表面证据定案，以惯例定案，以压力大小定案，都会背离公正，让人无法接受、无法信服。即使给了当事人一个宽缓的处理，当事人及其家人还是无法咽下苦果。

为什么？

因为这颠倒了是非，因为这不公平。

再轻缓的刑罚所带来的不公平，也还是不公平，这是质的问题。

怎么能够分清是非曲直？首先要看案件子到底是怎么回事。

难就难在"到底"这两个字。

很多案子看起来的样子和真正的样子是不一样的。

看起来是一个持刀杀人或者故意伤害行为，但如果是正当防卫就是完全无罪,这就是天壤之别。

但故意杀人、故意伤害和正当防卫有时候从外观上确实容易混淆,因为它们都有伤害的行为和结果。关键的起因是怎么回事,具体的过程到底是怎么回事,必须要搞清楚。

但有时候并不容易搞清楚,甚至有些人就是不想让你搞清楚。

比如电影中刘文经的家人把刀藏起来,让检察官找不到,就让人不能马上相信王永强的辩解。不仅是刘文经的家人把刀藏起来了,看到刀的人也受到威胁不敢出来作证;即使找到证人,证人也说他们惹不起刘文经啊。还有同村的村民也是慑于刘文经家人的势力而不敢说什么。连王永强的妻子也被多次威胁要求篡改证言,甚至不惜绑架王永强的女儿以威胁王永强的妻子。

这样一来,王永强所辩称的其妻子被多次强奸的事实,因为无人作证而无法马上成立。一旦他的妻子签了所谓的书面证言,就更是要证明之前的强奸均为自愿。那就让王永强关于因为强奸而引起的反抗更加缺少防卫性质,乃至变成某种狡辩。

这样的事实清楚吗?这样的犯罪原因清晰吗?如果想要证明的犯罪原因过于复杂,并且缺少足够的证据支持怎么办?

我们是不是要按表面的证据来定案,而在量刑的时候找平?

如果这样,那还叫分清是非吗?

而且王永强已经表示认罪,很有可能不作无罪辩解,也不会提出上诉。那么这个案件是不是就可以顺利地审结，然后画上句号？

如果这样，也许法律上可以自圆其说，但我们的良心会不会痛？

1. 犯罪为什么会发生？

其实检察官吕玲玲不是在刀已经找到、强奸案件已经查清的情况下才认为这个案件有问题的。她的怀疑来自于本能，来自于"案件为什么会发生"的追问。

王永强为什么要杀刘文经？

他俩的武力值根本就不对等，他俩的势力、体力也不对等。

王永强平时老实巴交，可以说是家徒四壁，为了给女儿治病不惜借了高利贷。

他的高利贷就是从刘文经那借的，这一点很清楚，这也是他们之间能够证明的关系。

那么他们之前还有什么关系和冤仇？

根据王永强的辩解，刘文经多次强奸自己的妻子，并声称以此抵销少量债务。

这个情节目前其他村民还没有作证，王永强的妻子也一度找不到了，因此尚属推测。

但是这个推测并非完全没有可以印证的证据存在，就在王永强的院子里，有一张撕碎的离婚协议书。

根据王永强的辩解，这是刘文经提供并逼迫其签署，其没有签署一怒之下撕碎的。

这个证据应该已经获取了。这个证据应该能够部分印证王永强的辩解，也就是刘文经除了与其存在高利贷的关系，还存在对其婚姻关系的侵犯。按照王永强的说法就是，通过先实施强奸、再逼迫离婚，从而将强奸合法化、日常化。

还有王永强也辩解了，刘文经在实施强奸的时候是将他拴在门口的链子上的，这个链子原来是用来拴狗的。通过这个链子可以提取到王永强的生物痕迹，从而证明王永强确实曾经被拴在这个拴狗的链子上。

那拴住王永强的目的是什么？

按照王永强的说法是刘文经强奸，让王永强看门，这个情景很残酷，但是也没有其他更加合理的说法解释将王永强拴在链子上的目的。

刀虽然没有找到，能够证明有刀的证人其实也没有找到，但是王永强辩解刘文经此前曾经用这把刀把他家的狗杀了。

狗被杀的事实大概率可以得到证实，因为有买狗的来源，有拴狗的链子，甚至在拴狗的链子附近以及链子上还能找到狗的血迹，从而证明这只狗确实被杀了。

至于是不是刘文经杀的，也许不一定能完全证实，但因为此前这些证据，使杀狗这一事实具有高度的盖然性。

也就是说综合目前的证据,即使在刀和证人没有找到的情况下,仍然可以初步证实刘文经对王永强的妻子有性侵犯的意图,并且有将王永强本人拴在铁链子上的行为,而此行为与之前的杀狗行为一样都是为其性侵犯创造便利和条件。

虽然还不能完全证明,但这个犯罪原因很难排除。

作为一些有办案直觉的人,有正义感的人,不可能完全忽视这些犯罪起因的证据。

可就是有人会选择视而不见。

这里有多种原因。

一是我们学习的教科书式案例一般比较抽象,往往省略了原因,也就是只有行为而没有原因,从而让我们对原因习惯性忽视。产生一种只问行为不问原因的法律思维习惯。

二是刑法行为往往也只是对犯罪行为特征的描述,也不会阐述原因。如果要说原因就必须联系刑法总则。习惯于查法条办案的人,往往只查分则不查总则,这就会导致忽视原因对整个案件性质可能产生的影响。

三是现实中的犯罪原因有时很难查清,有些因为涉及隐私,当事人也不愿意说,甚至宁愿承认自己有罪,也不愿意说出犯罪的原因。因此很多时候,在起诉书和判决书中都用琐事来代指双方所产生的纠纷。不出意外的话,如果王永强的妻子提起公诉,在起诉书中也可能表述为:因琐事,引发双方互殴,后王永强持剪刀多次扎刺……

四是即使犯罪原因没有查清，一般也不影响定罪，只是对量刑略有影响。以结果归责的司法习惯具有很大的惯性，因此在嫌疑人确实实施了伤害行为，且产生了损害结果的情况下，定罪往往不成问题。

五是正当防卫被苛刻地加以各种限定。对方拿刀砍你，你才能拿刀砍他，这被理解为紧迫性。或者刘文经正在强奸，王永强才能对他进行防卫。但按照王永强自己的辩解，在刘文经实施强奸的时候，他是被拴在铁链子上的。这就意味着对刘文经几乎无法防卫。

基于这些原因，很多人办案就没有那么纠结于原因，过于纠结于原因的人反而被认为是另类，是较劲，是效率不高。

但是如果不能真正查明犯罪的原因，正当防卫所面对的不法侵害的不法性就无从证明。

因此，查明案件的具体原因、真正原因，是正当防卫成立的前提，也是办好任何一个案件的前提。

这也是为什么找刀在电影中如此重要的原因！

找到刀就能证明当时的紧迫性和防卫的正当性，也可以证明刘文经暴力的一贯性。

那王永强的妻子为什么要跳楼？

一方面她不想葬送自己和一家人的清白；另一方面她从直觉上明白，强奸作为反抗的一个起因也具有相当的正当性。虽然王永强的妻子没有学过法律，但她只是凭着一个普通人的直觉，也认为犯罪起因对犯罪性质是具有重要影响的。

2. 犯罪是怎么发生的？

犯罪的起因重要，犯罪的过程也同样重要。

王永强能定正当防卫的关键一点就是他不是上来就拿剪子扎刺。

我们在监控录像里清晰地看到，王永强先是扑倒刘文经，却不是刘文经的对手，刘文经把他狠狠地踢了几脚后，就奔车里去了。

王永强辩解说刘文经声称要拿刀砍死他，而且刘文经前几天确实用砍刀把他家的狗杀了，因此他断定刘文经有刀，而且感到刘文经真的有可能砍死自己。

从刘文经反复强奸王永强妻子，并将王永强拴在链子上这一点来看，这一断定并不为过。

在慌乱之中，王永强回到院子拿了一个剪蒜辫子的剪刀，跑过去对刘文经进行扎刺。从伤检情况来看，刀数虽然多，但普遍不深，也没有伤到心脏、头颈等致命部位。

可见王永强还是在刻意地控制，并未追求一刀或者几刀毙命的效果。

这只是犯罪的核心行为，或者说关键情节，但我们必须纵观全案过程才能看清事实。

当天的案件事实是，刘文经又一次来到王永强的家里并将王永强拴在链子上。

随后，刘文经进屋对王永强的妻子实施强奸，王永强在屋子外边就能够听到妻子被殴打和强暴的呻吟声。

刘文经强奸完毕，从屋子里大摇大摆地出来，然后就拿出那个之前准备好的离婚协议书让王永强签字，王永强不签字并将协议书撕掉。此时，刘文经又提出了以后强奸王永强妻子一次算是抵偿二百元债务；王永强每次都被拴着看门，又抵偿一百元债务。这就进一步羞辱和刺激了王永强。

刘文经将链子的钥匙扔给王永强，并不着急走，而是在院门口抽起了烟。

此时，王永强妻子出来，质问王永强，并说自己生不如死。

王永强一怒之下冲出院子，将刘文经摔倒在地，进而引发了前文描述的核心行为。

从更长的时间跨度来看，这个过程其实是反复上演的，而且正如刘文经所表达的，这个过程还将继续。

从这个大的暴力循环上来看，拴住王永强、强奸王永强的妻子将成为一种没有尽头的循环。

暴力还在不断升级，在这个过程中他们好不容易买来一条看门的狗，主要也是为了防刘文经，结果这条狗也被刘文经杀掉了。

在这种大的暴力循环背景下，因为王永强这一扑，导致刘文经的暴力行为将再次升级。此时，按照王永强的理解，刘文经砍死自己绝不是一句气话。

刘文经的暴力行为持续了这么长时间，在村子里无人问无人管，拘禁、虐待、杀狗、强暴在光天化日之下公然进行。

这一方面证明了刘文经的势力之大；另一方面也证明了刘文经根本就没有把王永强一家人的尊严、自由、贞操乃至生命当回事。

在这种复杂的背景下，就不仅是局部性的紧迫了，而且刘文经真的会拿刀砍自己，王永强预感到自己早就成了绊脚石，刘文经极有可能除之而后快。

只有理解了整个过程中暴力的持续性，才能理解当时王永强所处情境的紧迫性，他想到的不仅是自己的安危，而是如果自己没了，自己的妻女也就完了。

他不仅是为了当下的暴力而防卫，也是为了将来持续的暴力而防卫。

3. 法律上怎么说？良心上能不能过得去？

在听证会上有专家说，王永强在实施扎刺行为时，刘文经的犯罪行为已经终了，所以王永强的行为根本不算防卫，这是一码归一码。

检察官韩明一度也是这样认为的，因为以往的案例都是这么判的。

但是张贵生的案子让韩明的良心发痛，他无法面对张贵生的女儿。

韩明的儿子也遭遇到同样的困境，让韩明从一开始的想低头到最后的不想低头。

明明是正当防卫、见义勇为，却非要息事宁人，让正当者认错，那是非就分不清楚了。

韩明给张贵生做了一个三段论的解释，将一个完整的行为拆分成三段，从而静态地看待最后持灭火器打人这个环节，试图以此说服张贵生，证明他的行为就是伤害行为。

但是在回忆这段往事的时候，韩明自己也说这是一个介于正当防卫和故意伤害之间的案件。

也就是认定正当防卫也有道理，认定故意伤害也有道理，结果就选择认定为故意伤害。

这让当事人及其家属都无法接受。

事实上，韩明并非没有纠结，但之前这么多人都是这么办的，这是一个巨大的惯性，想要改变这个惯性很难。

而且，他想要平平安安的，他不想惹人不高兴，他不想挑战权威和惯例。但是他确实也感到了良心上的不安。

如果真的有法律上说得过去，但良心说不过去的时候，我们是不是应该反思一下？是不是哪里出了问题？

就像吕玲玲那样，她说这个案子不一样。我们办的不是案子，而是别人的人生。

因此，我们应该慎之又慎。法律上说得过去，良心上说不过去，那意味着什么？是不是法律存在滞后性，既有解释已经无法满足现实法治的需要？

是不是法律的本意没有错，只是以往的理解适用过于保守，人为设置门槛，导致条款一直无法适用，就像当初的《刑法》第二十条一样？

是不是我们忽视了常识常情常理，让法律的适用背离了伦理基础，产生了机械执法的问题？

是不是我们过度揣摩了案外因素，背离了以事实为依据，以法律为准绳的底线原则？

这个时候，我们就必须反躬自省，不断与朴素的正义感相校正，即使可能与惯例不一致。

法治想要进步，就要不断更新理念、不断突破惯例。

法律的逻辑与良知产生冲突的时候，可能正是需要我们向前一步的时候。

只有分清是非曲直，才有能力不断向前。

往构上论

实践中,上峰的指令常常是往构上论,虽然也有往重上论、往轻上论、往不构上论等情况。

这种情况下,一般是案件很复杂,甚至有一定争议,但一定是比较重要敏感,因此才会有这样的指示。

如果没有争议,也就没有论的必要;如果不够重要敏感,也就没有指示的必要。

但缘何作出这样的指示?是从案件事实和证据出发,还是从其他需要出发?

如果不是从证据出发,又如何知道案件构与不构?

如果案件本来就构,也就无须交代。如果案件本来就不构,这种往构上论,岂不成了牵强附会?

这种情况下,往往是在证据事实上存在较大的分歧,在法律认定上存在相当的困难,否则指令就变得毫无意义。

这似乎有先天的悖论,那就是有一个先验的声音在发号施令，这些发令者似乎不必看卷、不直接进行司法审查就可以得出司法预判，从而引导司法的走向。

如果发令的司法官和当事人有足够沟通，也算存在一定的合理性，因为他亲自审查了案件，他对证据事实有了自己的理解，他认为可以构，只不过这个构确实需要论据支撑，需要证据分析佐证，由于工作量的原因，他可以安排助理帮助辅助论证。

此时的论证虽然还没有成型，但这个结论毕竟是他立足于亲历性的司法审查形成的，因此也可以算是负责任的。

但是如果他没有审查，就逼着助理往构上论，最终就有可能将不构成犯罪的案件论成有罪。但根据司法责任制原则，他仍然需要对自己没有认真思考的结论承担责任。这个归责可能也会倒逼自己极其小心地作出判断，否则就是给自己挖坑。

但如果要求往构上论的人，不用对司法结果承担责任，就缺少强迫他进行亲历性审查的机制。他可以认真，也可以不认真，反正他无须负责。

在这种情况下，如何确保他所要求的往构上论的审慎性？

在这种要求下，如果司法官过于唯命是从，让往哪论就往哪论，就容易违背证据事实，也违背自己内心真实的判断。不仅使案件最终判断有误，而且自己也要咽下最终的苦果。

人家要求你往构上论，是要求你依法论，是要求你以事实为根据，以法律为准绳，没有人让你违法论、强论、硬论。如果你以为迎合就会让别人满意，那最终只会葬送自己的职业前途。

因为你要对论的结果负责，而不是别人负责。

这就提醒和要求我们，不管要求往构上论的人情绪多么强烈，语气多么循循善诱，我们都必须绷紧"依法办"这根弦。这根弦是职业的安全线。

不管谁说出什么理由，你还是能构就构，构不了拉倒，自己都不信服的结论不要定，没有法律和事实依据的话不要说。

因为需要负责的人是你自己。

每个司法官既是案件的第一责任人，也是自己司法职业的第一责任人。

往构上论也包含了一种有罪推定和重刑主义的惯性思维。遇到事情，总是认为通过定罪处刑才能解决问题，而且希望快刀斩乱麻，即使斩得不一定准确也在所不惜。

但公众的观念已经在改变，与打击重判相比，公众更希望知道真正的问题所在，看到恰如其分的处理，这些处理并不一定都是刑事手段。

如果动用刑事手段，也要让人心服口服，不仅需要实体的正义，也需要公开透明的程序正义，不仅要结果，也要过程。

这需要司法机关保持更多的平常心，有案子认真办就行了，而不是没有证据的也硬办乱办，更不是出了事抓个人就行了。还要看是不是他干的，他到底有多大的责任，除了他的责任，还有没有社会责任。

司法在这个过程中是否能够保证公正,让正义不仅被看见而且被看清楚?

这需要我们保持追寻正义的定力,强调审慎和客观,而不是鲁莽和随意,这也是一种更高层级的正义追求。

这种正义追求无须刻意的迎合,它只是需要还原案件的本来面目。

可以把案件事实本身和处理方法上的复杂性和困难性呈现出来,只要是真相,无须担心公众不能接受和理解。

无须为了塑造结论而塑造真相,公正并不是任人打扮的小姑娘。

好的司法一定是不刻意的。

是非重不重要？

我们处理一些复杂敏感案件的时候，优先考虑的是什么？

是领导怎么想的，然后我们顺着他们的意图办，还是真的跟从事实？

但是，事实到底是怎么样的取决于证据，也取决于我们怎么看待证据。也就是说同样的证据和证据体系可以作出多种解读，就像控辩双方通过审查同样的证据可能得出完全不同的结论。

这里有立场问题，也有认识角度问题，还有认识能力问题。

同样的证据，既可以让往构上论，也可以往不构上论；既可往重上论，也可以往轻上论。

因为证据体系之中往往是有罪证据和无罪证据交织、罪重证据和罪轻证据交织的。

那这是不是完全陷入一种不可知论，完全无法得出确定性的结论了？

其实也不是。

只要我们坚持客观公正的立场，结合常识常情常理，往往可以得出大体一致的结论。

关键在于，我们的立场可能不一样，出发点可能不一样。如果追寻自己的内心，往往不难得出结论，有些结论甚至就是显而易见的。

但是如果多想一步，可能就出现问题了，比如我想：上级会怎么看？万一我和他想得不一样可就不好了，可能给我带来不利影响。因此，我一定要想到他的口风和立场，我要揣摩他的心思。

这个时候我的立场就会发生偏移。

明明通过审查证据得出内心结论了，但是不敢拿出来。

我们害怕自己的内心结论与以往的惯例不一样，尤其是害怕与上级的看法不一样，从而遭受批评。

在揣度这个事的时候，我们心中的结论就会发生动摇。我们要根据对方的可能立场来调整自己的结论。

怎么了解到上级的立场？可能是通过探听口风的方式，让其给自己一些暗示。也可能是从其他渠道了解对方的一贯立场，比如一般都要起诉，那么提正当防卫的就都是书生办案，就是不了解司法实践、过于理想、脱离现实。

这个时候，明明应该提正当防卫的，我们也不敢提，也只能就低认定为防卫过当。

因为所谓紧迫性，实行行为终了等问题，怎么说似乎都行。一般也不会让我们解释其中的合理性。

只要知道了这个预设的立场，看什么都是防卫过当了。

就像《第二十条》里表现的，死亡结果产生了，伤口的数量也非常多，死者手里没有凶器，强奸行为已经终了，等等。

而且上级都说了起诉，我们还能说不起诉吗？

上级说了起诉，我们就得往构上论，据此写出审查报告，论证起诉的合理性。即使我们内心深处认为不应该起诉，也不会去挣扎。在这种情况下，那事实是非还重要吗？

如果非要坚持辩明是非，就会与上级公然产生对立。

那我不是太较劲儿、公然不给上级面子吗？

这种不利后果我们能否承受？

就像韩明说的，"我就是想平平安安过日子，较劲儿是没有好果子吃的"。

其实他的上级也是这样想的，也是不想太较劲儿，较劲儿的后果很不好，很有压力，他们也同样承受不起。

这是一种传导性的压力。

这里边唯独忽视了是非到底是什么。是非变得没有那么重要了，变得可有可无了。好像不应该太纠结于真相，应该尽快处理。

但是如果不弄清真相，那么我们处理的依据又是什么呢？根据现有的证据和结果，来个就低认定，在量刑上找找平？

但是如果是非不能搞清楚，怎么处理都是错的啊。

如果案件不审查清楚，办得越快就是错得越快。

我们能不能快到可以忽略事实和真相？不能。

所有的办案效果都是建立在真相和是非基础之上的。

宁可慢一点，也一定要搞准了。

勉强得出折中性的结论，即使当事人不上诉，也同样是错的。

也就是说即使给王永强判个轻一点的刑罚，即使他不上诉，这个案子也不对。这个是非仍然是颠倒的。

这就像让韩雨辰来道歉，看起来处得不重，但同样也是颠倒黑白。

虽然道歉算不上什么惩罚，也不会给高中生的档案带来什么负面的影响，甚至都不用进行赔偿。但是韩雨辰就是不愿意道歉，宁可回到小县城读书也不愿意道歉，为什么？

因为这是是非问题。

刘文经的父亲让郝秀萍签东西，证明发生性关系是自愿的，为此可以让高利贷一笔勾销，还能帮助其丈夫减刑。

她犹豫了，但她最终没有签，即使她知道对方掌控了自己的女儿。当时女儿生死未卜，她也还是没有签。

因为这是大是大非问题。

这种被迫是非颠倒，相当于身体上被强奸之后，精神上又被强奸一次。

她是无法接受的,而且她知道签了那个东西,她就把丈夫给害了,因为能够挽救她丈夫的是非就会被颠倒。

被混淆了的是非,怎么可能带来公正?

这是多么浅显的道理。但是我们很多司法工作者似乎并不明白这个道理。

因此,在很多案件的处理上,没有从案件到底是怎么回事这个点出发,而是从其他人怎么考虑这个点出发。

显然,出发点错了,是不可能得出正确结论的。

因为被揣摩的立场并不是是非,不是案件本身。那个被揣摩的立场,也并不是从案件本身出发,也无法带来公正。

这些脱离案件本身的立场都是摇摆不定的,是没有根基的。只有植根于案件是非本身的立场才是有定数的,才是可以依靠的。

只有分清是非曲直,公正才会有希望,才可能满足公众的期待。

对于案件来说,没有什么比是非更加重要。

办案中的批判性思维

办案需要有怀疑精神，也就是不能别人说什么是什么。既不能移送过来什么，就照捕照诉照判。也不能因为之前捕过诉过判过，现在就可以一样办理。

即使之前就是这么办的，即使已经有一定的权威性的案例了，也还是要问一下，这个案件的事实到底是怎么回事？是不是与以往的判例完全一样？有没有什么不同点？这个不同点是否影响实质性的判断？

同时还要问一下，法律依据到底有没有问题？其本质含义到底是什么？对于这些问题，一定要自己理解，不唯书、不唯上、不唯过去。我们要思考一下，当初的案例用得对吗？现在的形势与过去一样吗？是不是要进行新的理解与适用？

也就是要有批判性思维，带着怀疑的眼光来看待证据、事实和法律适用问题。

这样做是比较麻烦，因为每个案件都要重新思考一番，而不能简单地进行模式化处理，这样必然比较费力。

这样做也会比较困难，因为你的独立判断和思考，可能得出与以往先例不同的结论，这个结论一定也或多或少地带有一些挑战性的意味。

原来都是那样办，也都没问题。凭什么你过来改规矩了，你以为你是谁啊？

这种质疑一定会带来很大的压力。

因为司法判断本身就有相当大的主观性。

你的观点如果与很多人不一样，怎么才能证明你是对的、别人是错的？

也许你的观点还没有得到时间充分的检验，就被那些带有惯性思维的人给推翻了。

这也是为什么改变司法理念特别难的原因，这是不断尝试、不断被否定、不断再尝试……而逐渐被接纳的过程。

我们可以直观看到的，是一种司法理念似乎因为某些案件，某些标志性的规范性文件得到了根本性的转变。但其实这个转变在此之前很多年就已经开始了，只是一直没有形成气候。

在一种新的司法理念没有形成气候的时候，在这个不适应的环境下的生长才是极其艰难的，甚至理想的火种随时会被吹灭。

在被吹灭的时候，甚至都不会造成太多的影响，因为根本没有多少人知道，因为当时还没有形成气候嘛。

比如，你记得几个反杀案？你还记得这些案件之前的那些正当防卫认定不成功的案件吗？有些甚至经过努力也成功将故意犯罪认定为防卫过当了。这些案件可能是零星的、很多年前的案件，根本没有影响。

但它们都是激活沉睡条款的星星之火。

这些案件虽然没有在社会上留下多大的影响。但是当时在特定地域的司法界还是会产生一定影响的。

这些现在看来好像是理念坚持得还不够彻底的案件，其实在当时已经是竭尽全力了，与此前的司法认定相比也已经有了很大的变化了。

为了实现这个变化，需要付出很多的努力，一定要充分地收集证据，尤其是无罪或者罪轻的证据，这个动作本身就需要很大的勇气，而且还要给予充分的分析，给出足够说服方方面面的理由，才可能被接受和采纳。这在当时已经是一种司法理念的进步了。

司法理念的进步从来都不是一蹴而就的，而是一个缓慢的、长期的、循序渐进的过程。

对于过去的怀疑，是为了更好地结合现实，因为司法一定是当下的理念和现实结合的产物，它必须与当下的时代紧密结合。不迷信先例，是为了尊重现实，是以动态的眼光考虑司法理念的转变问题。

对司法同行移转的或者本院其他部门移转的案件有疑，是对案件真正负责。

我们必须通过亲历性的审查,独立思考并提出自己的观点,才能让自己放心。

这是因为对案件的审查判断具有主观的一面,不可能是完全客观的。

既然具有主观性,不管是谁,也不管水平多高,都可能存在误判的风险,甚至也存在因为偏见而作出不恰当的处断的可能。

也就是说如果不认真地提出自己的意见,就可能存在一些不确定的风险,而且这些风险是自己没有办法完全把控的。

多一个人把关,就能减少一部分司法风险,让一些案件中的硬伤和瑕疵更加有可能被及时发现。

在这个判断的过程中,不仅需要阅卷,还可能需要独立地调取一些证据,以及对在卷证据的一些核验,从而增加判断的依据,使自己可能得出正确的结论。

由于认知视角和职责不同,还可能存在一些思考盲区。

侦查人员因为不需要出庭指控犯罪,也不需要直接面对辩护人在法庭上的质疑,因此他们就不太知道这个案子开庭的时候是啥样,需要注意哪些证据点。

因此侦查人员对有些证据调取的可能没有那么上心,因为他们无法深入地理解这些证据的意义和价值。

这是压力不对称带来的认知差异。对此,我们只能通过批判性的思维对已经收集到的证据进行系统整理。

我们不能照单全收上一个环节移交过来的证据，因为法院也不会对我们指控的证据照单全收。

这也是一种传导性的压力。

所谓的批判性思维，其实就是庭审实质化压力不断传导的结果，也是法治需求不断提高的结果。

没有这个批判性思维，司法的理念就会裹足不前，司法的质量也会失去保障。

"书生办案"

刚上班那会儿老听说一个词,叫作"书生办案"。

每当你想引用法律规定或者法学理论支持自己的观点,对方就来句"书生办案"。从而把你和你想要表达的理论一起否定掉。

这个概念让你很难反对,首先你肯定是一名书生,因为你刚刚大学毕业;其次你确实是在办案。

这完全是客观表述啊。

但是,"书生办案"表达的远远不是表面的意思,它的核心还在于强调你缺少经验。

你的观点可能很高深,但是人家不想听,人家有很多的经验而你没有,人家认为办案主要凭经验,而不是凭理论。理论没用,解决不了实践问题,往往与实践脱节。

具体来说,人家不想跟你废话,也不想解释。

但是人家说的有没有道理呢?

冷静想想，其实还是有不少道理的。

司法实践中的很多内容，书本里没讲，法律和司法解释也可能都没有规定，有些可能有内部规定，只是这些规定可能也找不到了，但是核心观点和要求老同志都知道，因此这算是一种经验吧。当然，更多的是一些不成文的习惯和规矩，这些哪里都找不到，真的要全凭经验了。

还有很多工作的方法，像如何阅卷，哪本教科书上讲过啊，有几位老师摸过真正的卷宗？他们见过真正的证据长啥样吗？好像也确实不知道。

证据法上讲过书证、物证、证人证言等几类法定证据，但是"办案说明"是个啥？算什么证据？书里有吗？重要的是，一本卷里有时候还有很多"办案说明"，而且有的时候还似乎不是完全没有用，法庭也认可。

跟公安大哥咋沟通？老师教过吗？教科书上写了吗？好像也都没有。配合、制约、监督咋体现？书上说的好像都没有用。

首先，得让人接你电话，人家得认识你，你说话得有人搭理。退补提纲写了好几页，人家看都不看，还不如老同志打几个电话好使，他们根本就不需要写什么提纲。

其次，你得知道你要什么，不能什么都要，不能提不可能完成的非分要求。这就意味着你对证据体系要有基本预判，什么样的案件需要什么元素的证据，哪些是非取不可的，哪些是可有可无的。要有区分，要说关键的。

再次，要学会"讲人话"。确实，说太多法言法语容易让人烦，让人以为你是炫耀显摆。最好学会唠点实在嗑儿，口音最好还能向本地靠拢。如果完全不能讲本地话，那是很难完全打开局面的，就不好拉近感情距离。我上班没几年，就学到了一些本地口音和习惯用语，以至于出租车司机都觉得我是本地人。

和法官怎么沟通啊？显然法官要比公安文气很多，专业性往往也比较强，甚至比检察官还要强，而且他们也一直自认为如此。因此他们也特别习惯批评新人，找新人毛病，在法庭上公然给你难堪。

比如你刚学会说反对，审判长就会问，"公诉人你反对什么"？给你搞个大红脸。

有的时候法官甚至与你辩论起来，质问你出示的这个证据有什么用，或者他溜号没听着一个证据，就问你那个证据你怎么不出示。

如果你不准备充分点，法庭上会让你没面子、下不来台。

而且法官还习惯给你突击打电话，说案子这里那里都有问题，好几个地方都需要补查。重要的是经过前期你与公安的接触，你发现法官提的都是一些不可能完成的任务，完全就是让你得罪人。

如果你对案件不彻底熟悉，就很难反驳。

直到在法官不断的施压下成长起来：凡是必须补查的证据

在庭前都弄利索,他再提任何的要求,都变得没有意义,或者你已经完成。你慢慢就会应付自如:那个我弄了,这个弄不了,也没必要,不影响定案。要是判不了,那我们就抗诉,谢谢,再见。

抗诉还不能说着玩儿,他要判不了你还真得抗。只要非常确信,往往上级也能够支持,即使不是都能抗赢,也会赢得一些尊重。

至少说明你对自己的案子是比较确信的。

"书生办案"的说法还隐含着一种意思,就是你对自己的案子还不够自信,所以才要引用别人的观点。

老同志并非完全不吸收新知识,完全不看法条不接受理论,但他们更愿意将此融化为自己的观点,形成他们自己的认知,而不用刻意强调这些是外部的权威观点。

他们在分析案件、表达观点的时候,更加直接,不太会像校园里的学术会议那样引经据典,有些人特别讨厌刻意地引经据典,他们更愿意无形地、融化性地引用。

"书生办案"批评的就是一些理论与实践融合得不够、刻意运用理论的年轻人,好像煞有介事,其实功力不足。

如果能够将理论与经验相融合,即使你的年龄不大,但一般也不会再被批评为"书生办案"。

"书生办案"还有一个特点,就是对案件事实掌握和表达的能力不够,所以说案子时无法信手拈来,比较生硬和吃力,只能用理论和学说为自己凿补。

但是经验丰富的办案人员往往能够对事实证据驾轻就熟，能够将理论观点巧妙地蕴涵在对证据事实的分析之中，这样表达清晰流畅，也显得十分轻松。

因此，迅速的事实证据掌握能力，是突破"书生办案"瓶颈的一个关口。

当然，"书生办案"也并不全是贬义，也有一些积极意义在里面。

那些经验比较丰富，对事实证据能够驾轻就熟的前辈型办案人，普遍也会存在一定的职业惰性。那就是怠于更新知识，对知识掌握的系统性明显不足，理论更新更是明显不够，尤其是还会存在批判性不足的问题。这二三十年一路走来，自己办过数百上千件案子，大部分都没问题，大部分都成了自己的经验，成了引导自己继续办案的经验。

但时代在变，法律体系在更新，有些法律也会存在滞后性，需要新的解释。

只是经验丰富的前辈兜里都有一大堆的老皇历，他们并不愿意轻易抛弃，或者重新进行系统的审视。

然而，对于刚入行的年轻人，他们没有这种历史包袱，对他们来说都是全新的，他们会按照自己学到的理论和最新的法律体系来分析问题。

虽然他们还缺少一些不成文的经验，但在紧跟时代脉搏这个问题上,年轻人其实更有话语权。他们了解最新的动态,他们了解同龄人的所思所想。

他们这些新观点可能和既往的判例不一致,会与老皇历的观点不一致,这会让前辈有一种被挑战和冒犯的感觉。

前辈会说:"你们懂什么!我们都办过多少案子了,你们那些纯理论脱离实际没有用!"

这种观点也不一定全对,有些理论可能真的就是前沿观点,真的就反映了最新的实践,年轻人学的案例也可能是更新的,因此他们与潮流可能更近,有些案件可能就更加适当。

因此,"书生办案"并不是什么也不懂的代名词,它也是生力军的代名词。

"书生"可能确实不懂实践,但是"书生"有理想主义的热情和好奇心,没有那么多的条条框框,也没有太多的功利心。

希望我们永远都有一颗"书生"般单纯的心。

案件讨论

有的人有案件就放在司法官联席会议上讨论。有时甚至连倾向性意见也不拿，全靠大家拿，最终以多数意见作为自己的审查意见。

如果以后要承担责任，那就是这是司法官讨论的结果。

其实很多案件无法在司法官联席会议上得以认真的讨论，比如证据问题，因为证据需要亲历性的审查。如果其他人没有经过亲历性的审查，甚至连卷宗也没看过，那是很难有实质的讨论的。

又有几个人会在参与司法官联席会议之前，看别人案件的电子卷宗呢？顶多就是看看审查报告吧。

更多的人连审查报告也懒得看，只是带着耳朵听，随便谈谈自己的想法。这样，我不知道这种大范围的讨论还有什么价值。

我对案件讨论一直持一种比较审慎的态度。

案件中复杂性的问题，其实非常不适合大范围的讨论。

我的习惯是依靠自己思考，也可以跟阅卷后的助理商量一下，如果助理没有阅卷，商量也无意义。

对于一些特别具体的技术性的细节，可以与专业人员交换意见。对于一些比较疑难的法律问题，主要还是查阅文献资料，也可以与专家沟通。对于一些实务性的问题，可以向有经验的前辈请教。对于一些证据问题，一般很难与人讨论，因为讨论不清，更多的可能还是对一些规则、模式进行讨论。

因为证据问题难以穷尽细节，只要裁剪掉细节就会失真，如果将细节全部呈现，那几乎是不可能的，除非要求对方也看卷。

顶多沟通一下这个事是这么回事，有这么几个证据，你看看构不构？

但是当我说"这个事是这么回事"的时候，就已经暴露了我对这件事倾向性的意见，我把它表述成什么样的案件，就说明我认为它是什么样的案件。

而且在罗列一些重要证据的时候，也意味着我必然舍弃大量看似不重要的证据，但这些看似不重要的证据并非真的不重要，只是被我取舍掉了。

我不但取舍掉了大量的证据，还取舍掉已经罗列的证据的大量细节，因为我会觉得它们过于冗长烦琐，主要是讨论的人也记不住这么多。

这个取舍的过程中，也体现了我的倾向性意见。

我认为重要的证据自然是能佐证我自己的判断逻辑的证据，其他不符合我逻辑的证据就都不要了。

这就导致从我所罗列的证据中，一般只能得出我得出的结论，这几乎就是一种诱导。

我不但描绘了案件的面貌，而且还限定了描绘案件面貌的基本材料。

这样一来，这个讨论的方向和结构就已经被限定了，我们讨论的自由度受到了限制，难以形成不同看法。

这样的讨论本身就变成某种附和，而不是真正意义上的讨论。

那为什么还是有人热衷于讨论？

因为讨论会带来一种安全机制，那就是集体决策。

案件只要经过讨论，就不是一个人决定的了，即使以后有风险，这个风险也有人来承担了。

这样就会撇开对案件承担责任的压力。也就是不需要对案件过于认真地审查，只要提交给讨论，自己就可以在某种意义上免责。

即使审查得并不认真，很多案件细节并没有看清，也没有人看得出来，因为参与讨论的人不会审查得那么细，甚至根本就没有审查，他们只是在承办人所提供的框架中进行决策。

即使听不懂也没关系，只要说同意承办人意见就可以了。

事实上，大多数承办人都会有一个倾向性的意见，绝大部分不想给自己找麻烦的人，都会以"同意承办人意见"来结束自己的发言。

虽然承办人想分散掉自己的责任，但参与讨论的人并不打算扛过来，因此他们会同意承办人的意见。也就是还是想把球踢回去：你自己的案子当然还是你自己办。

即使最终并无实际讨论过程和结果，但只要多数人同意承办人意见，就有了明确的依据和审慎的过程，就好像很慎重了，至少要比司法官责任制下自己决定来得慎重。

但这样真的慎重吗？

在没有认真审查案件的情况下发表意见，能算是慎重的意见吗？

我的建议是，绝大部分案件还是要自己拿主意，要学会独立思考。

要相信自己的判断，要非常认真地对待自己的判断，要慎之又慎地对全案进行细致的审查，任何人都不能代替进行这种亲历性的审查，除了自己之外，也不会有人对你的案件这么认真负责。

与其听取一些不认真的参考建议扰乱办案思路，不如认真反复审查案件。

对于一些确实比较疑难的问题，可以分门别类地找一些信得过的人，进行小范围的咨询。

而且咨询的时候尽量讨论案件的特定问题、细节问题，不要对案件整体进行讨论，因为没有人看得那么全面。

能对案件全面审查的，只有你这个办案组的人，如果助理或者书记员全程参与了提讯、询问证人、阅卷等工作，那最好进行一些深入的组内讨论，这非常类似于合议庭合议。

之所以合议庭可以合议，是因为他们全程参与了庭审，他们有讨论的认知基础。

没有参与审查的人不要参与案件的实质讨论，最根本的原因就是没有调查就没有发言权。

没有参与全案审查的人，不具备参与讨论全案的认知条件。

案件讨论不是人越多越好，也不是越频繁越好，而是应该以能够参与实质讨论为前提，以有利于案件的妥善处理为前提。

无意义的讨论，不进行也罢。不认真的讨论，多说无益。

案件不是讨论出来的，而是办出来的。

100% 确信

有人说，他起诉的时候都是 100% 确信，所以他从来没有撤回起诉。

那我只能说，这是运气好，并不是 100% 确信的功劳。

因为总是会有撤回起诉的情况，这个量要比公开的无罪判决还多不少。很多撤回起诉的案件，在起诉时公诉人也往往是笃定的确信。

我想说的是，根本没有什么 100%，司法更谈不上 100% 确信。

刑拘的案件不一定能批捕，批捕的案件不一定能起诉，起诉的案件不一定能判决有罪，一审判决有罪了二审也不一定维持，即使二审维持了也不能保证几年后不启动审判监督程序予以纠正。

因此，作为司法官，我们要始终保持如履薄冰的谨慎。同时，我们也要坚持客观理性和相对开放的态度。也就是我们要承认没有完美的案件，没有完美的证据链条。

我几乎没有见过没有任何分歧、没有任何矛盾的证据链条，尤其是那些复杂案件。

我们必须在分歧、矛盾和纷纭复杂中做取舍。

我们不能因为证据有一点瑕疵就放弃指控，那样就几乎找不到可以起诉的案件了。

虽然在刑事诉讼法中将起诉的证明标准与审判的标准定得一样高。但是它们怎么可能完全一样呢？

让审判机关依据公诉机关100%的确信判决被告人有罪，那还要法官干什么？

起诉必然要有一定的挑战和张力，必然要允许辩护人和被告人提出一些辩解，不能因为仅仅有辩解就放弃起诉。

放弃起诉相对容易，总是可以在证据体系中找到漏洞，重要的是我们应该努力去弥补这些漏洞，而不是简单地"就这么定了"。

有的时候，虽然不能用其他证据弥补，但可以从证据体系进行论证，这些都需要付出不少的时间和精力，必然是一种挑战和压力，也必然具有一定的不确定性。

如果说必须达到100%的确信才起诉，有99%的确信就放弃起诉，那对于那些有难度的案件来说可能就是不负责任。

对公诉人自己来说，这可能是容易的、安全的，在法庭上不需要应对辩护方的挑战，也不需要费心完善证据，而证据不足的不起诉又很难纠正，想要对证据进行整体把握其实是很难的，也没有人冒着判决无罪的风险强令起诉。

这样的案子，会因为公诉人的一时放下而被永远放下了。

这样一来，有些正义就无法得到伸张。

当然了，很多公诉人这样做也是出于自保心理。

因为判决无罪的风险很有可能不问青红皂白就扣在公诉人头上。

以审判结果来倒推公诉意见是容易的，所有的理由只要照搬判决就行了，都不用追责人重新思考。

但是如果想要真正客观公允地评价，那就一定要认真审阅全案证据，回到公诉人当时的立场上来看，看他是否真的有重大过失和故意。

以结果推定责任的习惯性归责原则，导致公诉人不敢担当，这也是证据不足不起诉案件数量不断上升的原因。

因为公诉人不愿意进行风险起诉，因为冒任何风险，最终的结果都要由自己来承担。

我认为这种风险起诉应该由检察机关整体来承担。

这是因为起诉与审判的标准必然存在差异，起诉应该给审判留下空间。

对于那些高度确信，但不是100%确信的案件，也可以提起公诉，应该让被告人接受审判。

因为只有经过审判这样审慎全面的核查程序，才有可能发现真相。

即使有一些被告人可能最终判不了，案件撤回起诉或者判无罪，也会给公众一个机会来验证案件到底是不是那么回事。

当然，这对于被告人来说是一种风险，但对公众和社会是一个机会，这里有一个平衡。

这个平衡就意味着起诉的定罪概率不应该是100%，也不可能是100%，自然也没有必要进行100%的确信。我觉得95%的确信就可以了。

在这种情况下提起公诉，虽然仍然有一丝风险，但不能说不够审慎。

因为公诉人通过证据审查、完善指控体系，已经实现了高度的确信。但这个高度的确信，因为是人作出的，就不可能是100%。

而且这个确信是建立在事实的部分还原基础之上的，因为客观原因，我们就是不可能100%地演绎出当时的全部情景，我们只能通过遗留下来的证据碎片，尽量拼出当时的情景。因为不是全部证据，必然也不是全部事实，更加不能将细节无限放大，不可能让证据事实尽善尽美。

但是，只要在我们内心深处能够做到高度盖然性的确认就可以了。我也不敢说我每次都是100%的确信。

而那些说100%确信的人，经办的案件往往还不够多，不够复杂。这也说明他们比较负责任，至今没有大的纰漏。也可以说这是因为运气好，没有发生什么意外。比如没有经历过上级的指示，或者没有必须接受法院及其上级的意见。

撤回起诉的意见绝大部分都不是承办人本人提出来的，要么是本院领导或者上级机关的指令，要么是法官提出来的意见。

这样一来，这个撤回起诉的意见就具有了不可控性。

我们自己100%的确信，与别人100%的确信还是有很大的差距的。

手松的人的100%的确信，可能只是手紧的人的80%的确信。

也就是你自己再声称100%也没有意义，因为还必须得到其他人的确认。

因此，强调自己100%的确信几乎没有任何意义，因为我们并不知道你是否是一个谨慎的人。

很多不谨慎的人经常对别人说他是100%确信，他什么事情都是100%确信，但这并不意味着他就是一个靠谱的人。

因为真正靠谱的人，都会知道自己的主观判断并不是绝对可靠的，证据链条不可能是完美无缺的。当他们知道主客观存在局限性的情况下，不会轻易说什么100%，因为说这个并没有意义。

过于强调100%，往往是一种不自信表现，只有那些害怕别人不相信自己的人才会笃定地声称是100%确信，从而希望别人予以信任。

这个时候不如承认可能性没达到100%，但只是高度确信，具体客观地描述事实证据，这样反而显得更加自然和坦诚。

在司法领域中，我们应该警惕那些所谓的100%，比如100%能帮你打赢官司，起诉之后100%能定罪，就像100%能治好病一样，他们都忽视了现实事物中的复杂性和不确定性，这些许愿和诺言注定不可能100%实现。

不应相信那些急于表态的人，而应该相信那些冷静真实的表述，虽然不能让你完全满意，却让你感到更加真实，只有真实的才是可靠的。

我愿意相信的不是那些拍胸脯的人，而是那些脚踏实地的人。

有争议的案件是否要起诉？

越是重大复杂的案件，越是会产生一定的争议。

有争议的案件到底要不要起诉，确实是一个不容易回答的问题。

完美主义者认为，起诉应当做到事实清楚、证据确实充分，既然有争议，就说明事实不清楚、证据不充分，当然不符合起诉条件，自然就不应当提起公诉，这是显而易见的道理。

但是真实的情况却要复杂得多。

同样的案件，有的人认为事实清楚、证据确实充分，有的人就认为证据还不够充分，也有人认为是完全无罪，也就是存在争议。

此时，起诉的条件是否具备？到底能不能起诉？

相当多的案件，由于案件本身的复杂性，带来理解认识的多样性，基于不同的立场、视角、认识能力，最终会得出不同的结论，即使是检察官也可能存在意见分歧。

那么，怎么弥合这种分歧？通过投票的方式决定是否起诉？或者说搞一个一票否决机制，只要有一个人反对，就不要提起公诉？

我们的司法制度采取的是专业主义路线，不是通过投票，而是通过专业司法官的研判来确定是否提起公诉。当然，这里也有一系列决策机制，如检察官办案责任制、审批制、检察官联席会议机制、检察委员会制度、不起诉公开听证机制，等等。

总体来说，是通过比较专业的方式最终决定是否提起公诉，并不直接受舆论影响，任何个人和组织都不能干扰检察官办案过程。

但所谓争议，很多就是通过舆论产生的，说是不应该受到舆论影响，但很难完全避免，因为检察官不可能生活在真空之中，不可能连朋友圈都不看了。

有些案件自案发之日起就存在争议，这种往往是定罪层面的问题，比如是否适用正当防卫，是否有处罚的必要性，这些问题是一般公众基于朴素的正义观念就可以辨别的。

有些是取证过程存在争议，比如非法取证、刑讯逼供，然后被曝光了，从而导致舆论哗然。

还有的是证据的充分性存在争议，比如证据链条不能闭合，有一定的悬疑色彩，引人联想，通过故事性吸引了公众的注意，公众对剧情的推演可能存在不同的路线，因此也必然引起争议。

还有的是当事人或者辩护人利用媒体人为制造一些所谓的

争议，单方面、有选择地披露信息，从而对公众进行误导，因为公众不明真相进而产生误判。比如利用仇富心理，声称被告人系富二代，但其实根本不是，但辟谣已经来不及了，公众已经产生了错误印象，这就属于误导性争议。

当然，相反的一面也要说，也有侦查机关和司法机关利用信息披露机制，把嫌疑人、被告人渲染为坏人，从而产生舆论审判的效果，有些甚至最终酿成冤假错案。

从上述列举的情形来看，即使案件有争议，也并不意味案件就达不到起诉标准，这完全可能由多种原因造成。有些只是噪声，有些是误导误判或者不理解。

因此，有争议并不等于没有达到起诉的标准，这还是需要检察官客观的研判。

争议只是一个考量因素，不应成为起诉与否的决定因素。

但是对于不少人来说，争议就是一种决定性的因素，只要有一点点争议，即使可以合理地做出解释，也还是六神无主了，担心起诉可能给自己带来风险，因此就选择最保险的方案，也就是不起诉。

只要不起诉，似乎就绝对没有风险、想怎么样就怎么样了。

我感觉这样的人越来越多，这种稍有风险就放弃起诉的情形也越来越多。

好像检察官越来越不敢担事，也担不起事了。

我记得以前还有风险起诉，体现了公诉人的担当和能力。

现在似乎不再追求这种担当和能力了。

因为，以往对撤回起诉和无罪案件采取的是实质评价方法，也就是即使发生撤回起诉和无罪判决，只要通过上级院实质复查，判定没有公诉责任，就不用扣分。

即使无罪之后抗诉抗不下来，这个无罪判决最终生效了，也不用承担责任，因为我们默认检法可能存在争议。也就是说即使法院判无罪，也未必意味着它就是对的。

此时不仅个人不用承担责任，单位也不用扣分。

但现在不太一样了，不太会对案件进行实质的评价，或者在实质评价之前已经扣完分了。

唯有法律发生变化等少数情形可以成为免责事由，其他都不行。

复查完了，如果没有责任，顶多是不追究个人责任。但是单位和个人在数据上的负面分值评价仍然会体现。也就是说即使你坚持风险起诉，最终判定是没问题的，但只要结果不理想，你还是要承担负面的后果。

这样一来，检察官的担心就会增加，或者通过功利计算，发现风险起诉带来的收益几乎都是负面的。那又何必呢？干脆不起诉就完了。

这就是只要案件有一点争议，不管是谁说的，只要有一丝一毫的无罪风险，那就一定不会起诉。

这样一来，指控的弹性就会下降。

对于一些危害大，但是比较复杂、影响大，对证据链条存在一些不同理解的案件，检察官就比较容易放弃指控。

简单案件还好，因为它们一般也不会产生那么多的争议，主要是没有人关注，也没有多少人有兴趣表达不同意见。

但是对于复杂案件则不同，有兴趣表达不同意见的人很多，当事人及其亲友都有意愿表达不同意见，辩护人也愿意表达不同意见，而且他们甚至会利用媒体等多种渠道发表这些不同意见。

通过一定的策划，这种声音还很强烈。

当然，声音强烈不一定就是策划的，有时也是自发的，有的案件确实影响巨大，成为公众讨论的话题，每个人由于看到的信息量以及价值观不同，会表达不同的观点。

一般认为观点不同就是有争议，但有些人并不考虑这些观念是如何形成的，他们获取的信息是否一致。只要有不同的观点存在，就可以认定为某种争议。事实是，但凡案件有一定的影响，想要没有不同观点几乎是不可能的。

对此，我们应该怎么看？

我们要求检察官从人民根本利益出发，但又要求其与舆论保持一定的距离，不能听风就是雨。

因为证据判断和法律判断仍然是专业判断，尤其是公众无法具备亲历性审查的条件，无法了解到全面的案件信息。

这就决定了，检察官的判断具备更加专业、坚实的证据基础，检察官的意见并不是随便拿的。即使是有较大的争议，也要看争议的观点是善意的提醒还只是表达利益诉求和宣泄情绪，以及他们的理由是否站得住脚。

尤其是在起诉有权势者的时候，没有任何争议，不承担风险几乎不可能。没有充分理由的所谓的争议观点并没有参考价值，对案件的结论不应造成实质性影响。也就是说，有些争议是不用担心的。在考虑这些所谓争议的时候，我们还必须考虑那些沉默的大多数。

很多时候这些沉默的人作为公众的主体并没有发出声音，但并不等于他们没有意见和判断，作为国家公诉人应该能够想象他们沉默的声音和根本的立场。

因此，有些风险是值得承担的，只要符合公众的根本利益。

国家公诉人就是在代表公众的根本立场和根本利益，敢于直言，不畏权贵。

不愿意承担任何风险的公诉人，恐怕也不是合格的公诉人。

私了

犯罪发生之后是不是都会报警？并不一定。

有些案件就会私了。

比如开车把人撞死了，这明显属于交通肇事。但是出于某种原因，死者的家属也会选择不报警而接受肇事者的大额赔偿。有些时候，这样的案子就私了了。有人说，这叫民不举官不究。

交通肇事显然属于公诉案件，即使民不举，官仍然是要究的。但是被害人已经死亡，他已经无法主张自己的权利了。剩下来的事情只能由他的家人来帮助处理，这显然就隔着一层。

而且现实的情况很复杂，有时候只是因为家里人不懂法，有的时候是因为家里人贪点钱财，还有的时候是因为害怕肇事者的势力，总之因为种种原因就有可能没有报警。

没有报警，公安机关就有可能无从得知。

虽然公安机关和民政部门有处置非正常死亡案（事）件的工作规定，但关键一环仍然需要有人告知，比如人民群众的举报，如果没有任何渠道告知，那仍然有可能无法得知。

医院可能是一个渠道，比如非正常死亡的死亡证明需要公安机关出具，但是经过医院救治的除外。这就意味如果送到医院之前没死，医院也可以出具死亡证明，这理论上也不需要公安机关介入，只要医院不报警，这事也就这么过去了。

当然，这还是命案，毕竟有死亡这个环节，公安机关对此还能有所控制。

如果被害人没有死亡，只是被打伤了，或者一些财产类犯罪、性犯罪等，被害人执意私了，那公安机关就难以控制。

此时，这个私了又算什么？

这显然是一种犯罪黑数——明明发生了犯罪，但没有被发现和追究。

对于被害方与加害方共同规避法律的私了行为，应该怎么看待，确实需要认真研究。

这里确实也存在司法的一些问题，比如诉讼程序过于烦琐，追赃挽损效率极低，如果被告人不配合根本要不回来什么钱，而且还需要漫长的诉讼程序，颇耗精力。

如果加害人当下表示愿意赔个五十万、一百万，就很有可能达到被害者家属的心理预期，家属此时就会想：就算报警又能怎么样？也不过如此吧。

有些案件中，加害人到底能坐多少年牢对被害人家属没有太大的意义，能要回来多少钱才是真正有意义的。

我之前接触过不少经济犯罪的被害人,他们就经常表达这个意思,他们会说,"嫌疑人能判多少我不管,我就问我能拿回来多少钱"。

这么说好像有点自私和片面,但这真的就是被害人的心态。

因为很多被骗的钱是被害人仅有的积蓄,他们对于加害人的报复心态并不是那么强烈,有些人只要能拿回来钱,判与不判都没有意见。

因为他们想,即使顶格判刑,好像能够给他们解点气,但是对于挽回损失是毫无意义的,而挽回损失对他们来说才是最实在的利益。

而且判得越重,加害人就越是破罐子破摔,索性也就不赔了,这是被害人最无法接受的。

被害人声称判多少他不管的意思是判多少年他们都没有意见,只要能够挽回损失,哪怕降低刑期,他们也觉得非常值。

但这些案件有时候就卡在刑档上下不来,这样诉讼程序中就没有多少回旋余地,就会促使被告人退赔的积极性不太高。

但是私了的话回旋余地就太大了。私了就意味着完全不报警,这样不用启动刑事诉讼程序就把事情了结了,这对加害人的吸引力非常大。在公众和官方不知情的情况下,就像没有发生过一样,一场交通肇事案、一场故意伤害案、一场强奸案或者一场猥亵案都有可能这样不了了之。

加害人自然是心中窃喜,感到"有钱能使鬼推磨",而被害人及其家属也有可能感到非常实在和痛快,毕竟不用经过麻烦复杂的流程去追索赔偿款——到头来未必能要回多少。走了刑事程序,主动权就不掌握在自己的手里了,撤不撤案,也就由不得自己了,也不能就黑不提白不提了,而是一定要有一个说法。

所以,虽然私了是不受法律保护的,但对于加害人却有极大的诱惑力,在效率和赔偿额度上对被害人也同样有着诱惑力。

这两种诱惑力会导致部分被害人和加害人将司法的公共秩序抛诸脑后。这到头来势必会损害法律的公信力,法律也就被架空了。

法律虽然有明确的规定,但却不被遵行,司法机关竟浑然不觉,还觉得岁月静好。

要打破这种撇开法律的私了秩序,光靠第三人的举报是不够的。还必须反思司法自身的问题:提高效率和质量,让被害人不用等得太久,让被害人的权利被充分尊重,也就是将被害人当回事。此时的法律秩序才是被害人期望的法律秩序,才是他会求助的法律秩序。

私了的增加反映的是公了的不给力、不被信任。

当公权力不能提供必要的安全、秩序和保障,私了就会拥有市场。

虽然私了使得加害人得不到刑事追究,没有报应的痛苦感,让被害人对公正的一部分期许落空,但现实的窘迫有时会让被害人不得不放弃这些应得的权利。

他们真的对判多少无所谓吗？其实并不是。

他们只是在判多少和赔多少之间不得已进行了二选一。现实让他们鱼和熊掌不可兼得。

报应和修复两者兼顾是现代司法所需要特别关注的。而且为了国家利益和公共利益，也不能任由被害人判断是否应当启动追究程序。伤在被害人身上，整个社会也在流血，这是整个社会受到了侵害。为了这个公共秩序的利益，我们也要尽可能压缩私了的空间。

公共秩序和公正并不是可以私相授受的权利，但司法权只有被信赖，才会有更多人来寻求帮助。

公 了

公了自然是与私了相对的概念,那就是将纠纷交由公权力处理的纠纷解决方式。这当然体现了对公权力的信任,这当然也需要制度安排。

作为公了的刑事诉讼制度分为两个层次:公诉和自诉。

是的,自诉其实也是一种公了,因为最终还是需要通过由公权力作保障的审判程序进行判断,只是自诉案件中公权力介入的程度肯定远低于公诉案件。

自诉案件中前期收集证据和指控的准备全有赖于原告个人及其诉讼代理人进行。

因此实践中,自诉案件在刑事案件中占比很小,虽然法律规定的自诉案件的范围并不小。

基于这个原因,也有学者认为这种相对较大的自诉范围的规模意义不大,但我却认为这种范围界定仍然有其必要性。

纯粹的自诉案件范围原来相对较窄,也就是刑法规定的侮辱、诽谤，暴力干涉婚姻自由，虐待，侵占这几个罪名，也即刑法规定的告诉才处理的几个罪名，其中侮辱、诽谤罪中严重危害社会秩序和国家利益的除外。

可公诉可自诉案件的范围更大一些，也就是刑事诉讼法规定的被害人有证据证明的轻微刑事案件，根据司法解释的规定，包括故意伤害案，非法侵入住宅案，侵犯通信自由案，重婚案，遗弃案，生产、销售伪劣商品案（严重危害社会秩序和国家利益的除外），侵犯知识产权案（严重危害社会秩序和国家利益的除外），刑法分则第四章、第五章规定的，可能判处三年有期徒刑以下刑罚的案件。

最后一类是被害人有证据证明对被告人侵犯自己人身、财产权利的行为应当依法追究刑事责任，而公安机关或者人民检察院不予追究被告人刑事责任的案件。

目前，自诉案件仍然集中在第一类和第二类的个别罪名，涉及第二类的绝大多数罪名和第三类罪名的案件都比较少，因此有人就认为后两者没有什么必要，尤其是第二类的大部分罪名，干脆都作为公诉案件算了。

也就是将这种部分公了的案子变为全部公了的案子，这样似乎更加有效一些，因为公民个人反正也完成不了收集证据的工作，那干脆公权力就承担过来，这样也更加有担当精神。

先不说侦查人员能不能承受这么多的案件负荷，就是承受得了，效率上肯定也高不起来。

因为这些可自诉的案件往往对被害人个人利益有直接侵害，对社会秩序和公共利益并未直接侵害。虽然对个人利益的侵害就是侵犯了社会整体的法秩序，就必然触及公共利益，但直接危害和间接触及仍然不一样。

因此这些案件往往是当事人最着急的，但公权力机关未必给予充分的关注。因为公权力机关的精力和资源也是有限的，必然要优先关注重大、敏感、复杂，在社会上影响大，尤其是引起高层关注的案件。这些案件每一件都要耗费巨大的精力，甚至是限期破案，牵动大量警力资源。

这些案件处理完，又来一批大案子，大案子以及中型的案件都处理不完，对小案子更是无法予以充分的关注。

尤其是如果小案子调取证据的难度又比较大，那办案人员就更加感到"性价比"不高，就有可能把小案子先放在那里了。

如果说一定要等到公权力有说法，好像又很难，因为人家也不会轻易说"处理不了"，更多的是说"正在处理"。

如果将第二类案子也并入第三类，就会导致很多与当事人切身利益相关的案子被耽误了。

因为第三类案子的要求是必须要有侦查机关和检察机关不予追究的决定，也就是撤案决定和不起诉决定，但这个决定很难拿到。

按照目前第二类案子的处理方法，就是不需要拿到这些不予追究的决定就可以直接提起自诉。也就是说这些案件既可以报警也可以直接起诉，那就给了当事人选择的自由。

如果侦查机关工作效率高，能够尽快做出处理决定，那就等着公诉程序就行了；如果侦查机关侦查积极性不高，直接自诉也是可以的，不用等。

与其说这种"不用等"是对追诉机关的一种制约，不如说是对公民追诉权的一种保障，让公了这扇大门尽量打开。

如果这扇大门关闭，会有什么样的结果？

例如一件轻微的刑事案件，侦查机关不及时处理，让侦查机关出具不予追究的证明而不得，但是当事人等不及。这就会产生私了的冲动：要么忍气吞声得俩钱得了；要么找到灰色权威和黑色权威来摆平，比如找"道上的兄弟"办他，或者找掌权的人通过权力来弄他。

但是不管怎样，这都超越了规则的范围，有些甚至就是赤裸的报复和复仇。

公了此路不通，私了的复仇就会大行其道，承担"复仇服务"的暴力组织就会拥有市场。

这才是我们需要担心的。

司法的目的就是将同态复仇的私了纳入规则和法律的体系之中，使之更加公开、透明、平等并具有可预测性。

如果司法这一"公共服务产品"不能实现便捷、高效和公正，就会让社会秩序恢复到丛林法则的状态。

所以不是民众需要司法，而是司法需要民众的参与，这才是司法应有的态度。

司法需要不断改善自身来赢得解决纠纷主渠道这个市场。

这个市场地位一定是"赢得"的,而不是天然垄断的,也不是一劳永逸的。

所以从某种意义上来说,选择公了真是看得起司法了。

对每一名诉讼参与者都保持尊重的态度是司法者应该有的心态。

第二章 公道

公道，是条绕远的道

这句话是电视剧《繁城之下》中冷捕头说的。也是冷捕头的徒弟曲三更时常念叨的一句话。

这算是故事结局的一个注释：小宝子为了陆家的公道，曲三更为了冷捕头的公道，都绕了好大的一圈啊。

那么，公道为什么总是绕远呢？

因为公道这条路不好走，前面总是有很多障碍。总是需要绕圈，路程必然就远了。

而且不仅是远，还可能要付出很多代价，有些时候甚至是生命的代价，毕竟有些困难不是那么容易克服的。

比如小宝子为了报陆不忧的救命之恩，为陆家被灭门的冤案讨回公道，在已经担任县令的情况下，还不惜乔装打扮亲手杀人，杀死大部分灭门案的同谋。

不但杀人，还要将自己伪装成未死的陆不忧，以自己为诱饵设局，引得陆植派人前来刺杀。在被刺杀之前他已经做好准备，留下遗书，好扳倒当时已经更名为薛举人的陆植。也就是通过朝廷命官被杀的方式，让陆植脱不了干系。

我觉得这种方法，只是理论上可行，如果县令当时真的被刺杀了，也未必能完全将陆植定罪。

因为能够指向陆植的证据太少了，这也是县令为什么要大费周章的原因。也因为通过常规的法律手段，是无法实现陆家的公道的，即使是县令也是如此。

也许理论上也不是完全无解，但在现实操作上太过漫长和烦琐。再加上陆植本人的势力和精明，如果慢慢来，通过法律手段来，更是遥遥无期。

因为即使小宝子遵守法律规则，但陆植一干人未必遵守法律规则，而且其树大根深，很难轻易撼动。

尤其是陆植在体制内是"有人"的，那就是冷捕头，县令有任何轻举妄动，都被冷捕头看在眼里。只要冷捕头知道了，陆植也就知道了。

当年将陆家灭门的事，是他们一起做的。冷捕头为了自己的利益也要确保这个案件不被翻案。

因此，冷捕头不除，这个案子就别想查下去，更不要说彻底报仇了。这也是冷捕头第一个被杀的原因。

县令，也就是小宝子，为了不走太远的路，为了不绕路，为了将自己的报仇使命完成，就不择手段，直接选择了"自力救济"——杀人。

相比于通过司法程序实现公道来说，复仇就成了一种捷径，就可以不用绕远了。

如果要想通过司法程序将其绳之以法，那必然要多费一些功夫，要有充分的证据，履行特定的程序。也就是合法的渠道往往没有捷径可走。即使内心高度确信，也不能直接将凶手就地正法，还是要拿证据，要审案。即使作为县令，内心已经高度确信了，也还是不能直接定罪，只能自己偷偷搞暗杀。

这是为什么？

这是为了保证公正。

也就是为了实现公正要绕远的时候，绕的是程序之远、证据之远。

这种远是为了公正，是为了不把人搞错了，是为了公众能够信服。

即使有权力，也还是要按照程序来，这个远的价值是程序正义的价值，是确保公道真正是公道而不是私道的保险措施，这是一种文明的体现。

曲三更为了报师傅的仇，同样也很辛苦，没少受欺负。其中的原因，一方面是权力太小，调动不了充分的资源；另一方面是还有一些人为了既得利益不想查。

追求这个公道几乎成了干私活，几乎没有多少体制内的资源给他。

这样一来，办案的效率自然就低多了，这种低效的慢，也相当于另一种远。

为了查清冷捕头的死,曲三更偶然发现了冷捕头留下的巨额财产和二十年前陆家大火的证据,从而联想到要想查清冷捕头的死因,必然需要先查清二十年前的大火案的真实原因,以及冷捕头与大火案之间的关系。

也就是想查清甲案,往往要先查清乙案,这也相当于绕远了。

这个绕远又是合理的,因为甲案证据太少,不得已只能暂停,但乙案似乎证据多一些,东方不亮西方亮。也就是要寻找公道的突破口,这个突破口不一定在肉眼可见的位置上,很可能在背面和侧面。

这样寻找侦办突破口的,也是在绕远。

那这些远值不值得绕?很多时候,太值得了。

我们都知道,办案往往需要克服很多阻力,还需要找到最佳的切入路径,需要额外想很多事情,也就是公道并不是随随便便就能够实现的。

公道虽然会绕远,但还是不能走捷径。

冷捕头就走过捷径,他想要维持与四娘的关系,甚至还想给四娘赎身。因此他选择了帮助陆植灭门,并一直为陆植打理衙门中的事情,以避免事情败露,这个忙一帮可就帮了二十年,变得无可挽回。

但冷捕头毕竟也留下了二十年前大火案件的部分证据材料,

他到底是为了自保留下来这些证据,还是等待其他人发现从而查明真相,现在不得而知。但客观上确实发挥了扭转侦查方向的作用。

也就是说,冷捕头也在为揭开最后的真相做准备,如果这也是在寻求公道,那这同样是一个远道。

如果之前犯过错,现在想弥补错误,再重新出发寻找公道,那将是最遥远的。

这也是冷捕头将这句话告诉曲三更的原因。

他知道公道是一条艰难的路,不应该试图寻找捷径。

公道是没有捷径的,找捷径反而会越走越远。

公道要一步一步走。

如何理解天理

我们常说天理、国法、人情,天理排到了最前面,也就是说天理是最重要的。

而且,人们在遇到一些不平事的时候,往往也会抱怨"没有天理了",那就是对一件事情的最大否定,与"不公正"几乎是一个意思。

这个不公正可能是司法的,也可能是立法的,这就是我们所说的"没有天理"的意思,这也说明天理要比立法、司法这些都大,它是最终极的评价标准。

那么天理到底是什么?

天理是人们心中的一杆秤。

这杆秤立基于长久传承下来的文化传统、道德伦理和风俗习惯。

你可以把它理解为自然法或者习惯法,也即约定俗成的规则和法则,任何现存的法律和司法决定都不能与之相违背,否则就会被认为失去了正义的基础，也就是违背了天理。

但是既然是传统、伦理和习俗，就应该有一定根据，是能够得到普遍认同的，而不是当事人自己随便说的。

但是这个天理的内容到底是什么？有没有文本性的规定？我觉得可能还是没有，否则那就真成了成文法了。

这种传统、伦理和习俗就是有一种模糊性，并不是十分明确的规则体系，每个人对它们的解释都可能有出入，我们只能从大致意义上来了解其中的共通性。

比如说孝顺是很重要的伦理观念，不仅仅是对父母好，也包括尊重别人的父母。当面辱骂别人的父母会被视为一种很严重的侮辱行为，当面采用下流的方式羞辱别人的父母那更是难以容忍的，这就为出手保护父母奠定了正当防卫的基础。

如果司法裁决否定这种防卫的正当性，比如以紧迫性和必要性为由提出质疑，作出防卫过当的判断，那一般人都会觉得司法裁决有问题，可能违背了天理。

此时，司法者稍做反思也会觉得很别扭。其实很多司法者在作出这类裁决之前都会感觉不舒服，感觉不是很能够过得了自己良心这一关。虽然法律逻辑上说得通，但内心深处其实是说不通的。

这个天理就是人们心目中的习惯法，它根植于伦理基础。

也就是当法律逻辑的机械判定违背了基本伦理，就会失去道义基础，就会给人一种不食人间烟火的冰冷感。这个伦理基础也就是天理，因为它为一般人所认同和珍视。

我们很多时候可能认为法律逻辑更加严谨和专业，可能是公众不了解这种专业性，从而不能理解这样处理的合理性。有的时候可能确实如此，很多专业知识反常识，但确实自有其合理性。

当然，这也要分情况，并不是所有的反常识都有足够的合理性。有的时候就是不合理，我们就应该用伦理基础来检验法律逻辑，从而进行校正。

我们可以用天理，也就是习惯法的力量对冲成文法的力量，让法律适用更加符合道义基础，从而获得人们发自内心的信仰。

那些明知反常识，甚至反伦理的司法决定还要一意孤行，就可能导致机械执法，也就是背离了天理。

在是否违背天理的问题上，司法官首先要过自己的良知这一关，用法律逻辑判定后，还应该用良知进行检验，看看是否能够说服自己。

如果连自己都无法说服，就不要想着说服别人了，这种不可接受性普遍存在，这种明知有问题的裁决一旦作出，就会给司法公信力带来极大的灾难。

公众并不跟你抠专业，而是跟你抠常识。所谓的天理很多时候就蕴含在这些常识当中。

这些常识虽然没有目录，但阅历丰富的司法人员也应该有所了解，即使不了解，也可以大致知道基本的领域和范围。

最重要的是，司法人员应该多听犯罪嫌疑人、被告人和辩护人怎么说。这些反常识、反伦理的问题是肯定要说出来的。

只要我们听取意见的时候足够认真，随后稍微审核一下这些常识是否具有合理性，就很容易判定哪些是真常识，哪些只是假常识，哪些只是自以为常识的常识。

对于这些真的常识，我们就应该引起重视，作为判断案件走向的重要因素。

虽然外界舆论有一些喊打喊杀的声音，或者上级对案件的处理施加了一些压力，但我们应该保持内心定力，要沉得住气。

因为越是距离炮火近的人，越是能够感受到战场的氛围；越是靠近司法办案一线的人，越是能够感受到常识和天理的压力，感受到其中的分量。

一旦有了这种感觉，再结合对证据事实的审查，就比较容易作出让人接受的司法决定。

容易让人接受，就是让人更加能够"感受到"公平正义。

公平正义的实现除了靠办案本身的严谨，还要了解事情的来龙去脉，了解案件背后的原因，了解法律逻辑之外的常识和习俗，这样才能够更加深刻地了解到天理的力量。

这个天理的力量其实就是持久的文化秩序和精神秩序，是法治的根源性的东西。

如果背离这个根源，法治就会成为无源之水、无本之木。

因为天理本质上其实就是人心。

健全的常识

司法者要有健全的常识，而不仅仅是法的理性。

法的理性可以通过知识和逻辑获取。健全的常识需要关于生活、阅历、伦理的真实经历。

这也是为什么说，司法的智慧在于经验而不是逻辑。

因为仅从逻辑本身出发是不够的。

逻辑是确定性的、定量化的结论，但司法并不完全是确定性的、定量化的结论。

就比如司法有量刑规范，量刑规范又有但书规定。

我要问的是，什么样的情形可以纳入但书规定，什么样的情形不可以纳入？这里有没有确定的标准？

答案是没有。如果有，就不叫但书规范，就可以直接明确到入罪标准了。

事实上，从立法者的角度考虑，他们可能也不知道哪些具体的例外适合作为出罪的事由。

可能有一些类型的理由，只是这些类型也不容易建立明确的标准。最重要的是，这个但书的类型也无法穷尽。

立法者怎么可能先验地设定所有类型呢？如果设定了，又有新的类型出现了，怎么办？

到这个时候，但书的功能就受到了限制，就容易产生机械入罪、机械司法的问题。

例如立法者在规定多次盗窃应当入罪的情况下，就没有设定数额标准，其目的就是惩治那些以盗窃为业的常习犯。

但立法者怎么能够想到，今天由于科技发展产生的自助结账机所可能产生的道德风险，使并不以盗窃为业的人也可能多次实施"犯罪"。

这种科技发展带来的道德风险，是科技发展到一定程度之前立法者所难以预料到的。

即使现在科技很发达，我们也无法预料到二十年之后的科技发展水平以及对人的行为可能产生的影响。

因此，想要用二十年前的法律完全妥当地治理当下社会也会产生所谓的逻辑障碍。

所以仅仅用逻辑，从逻辑本身也是说不通的。

这就需要司法者的经验。司法者结合社会发展的形势、伦理道德的最新要求，在法律授权的范围，从常识出发弥补法律的滞后性。

既然要用常识来弥补，那么这个常识一定要足够健全才行。

如果常识过于狭隘，甚至偏颇，就可能产生司法的任性，这就不是弥补而是破坏了。

实现这个健全，我觉得可能要具备几个方面的要素。

1. 健全的人格

司法者一方面要公正，另一方面也要不阿。这两个词往往是连在一起说的。只有做到不阿，才有可能做到公正。

不阿，就是不要为了拍、维、溜而不顾法律和良知。

谁谁说了，那就一定要办，构不构都得办，不构也能往构上论，让怎么论就能怎么论。

那公正不就成了任人拿捏的泥人了吗？

如果怎么样都算公正，那还能叫公正吗？

拥有健全人格的司法官应该是有底线的，应该是能够作出正确的取舍的。

如果价值观出了问题，常识就没有意义，常识和良知就会变得一钱不值。

2. 了解之同情

所谓的同理心，首先需要有洞察力，能够看到案件背后的东西。

也就是不能就案论案，要看这个案件到底是怎么发生的，这个人是怎么走上犯罪道路的。是不是只是他自己的事？社会机制方面有没有问题？如果有问题，需要承担多大的责任？

看到了社会机制的问题，我们敢不敢指出来？还只是让被告人服刑了事？

如果不解决背后的问题，就还会有接二连三的下一个犯罪。此时，司法者就失去了预警者的作用，明明知道人类社会这个族群面临风险而不发出提示，对于一个生物种群，这意味着什么？

意味着这个生物种群灭绝的风险就会提高一些。如果灾难真的到来，那就不是某一个个体的问题了，每个人都逃不掉。即使你先走一步，你的子孙后代也逃不掉。

所以同理心看起来是对个体的同情理解，实质却是通过个体来发现社会的问题，是一种对社会更深层次的爱。这是通过理解个体的不完美来发现社会的不完美，通过发现社会的不完美来宽恕个体的不完美。

通过个体看到群体，通过现象看到本质，需要很强的观察能力、思考能力和分析能力，这是一种更加高级的司法能力。

3. 完善和更新知识系统

所谓健全两个字，主要就是完善、充分的意思。

社会是动态的，现在的了解并不意味着以后的了解，想要拥有健全的常识，不仅仅要具备丰富的阅历，还要不断地完善。

要不断丰富阅历，不断更新常识，优化知识结构和观念结构，也就是要更能够跟得上时代。

这就意味着我们要能够接受新鲜事物。

随着年龄的增长，很多人都会对很多新事物"看不惯"。很多事情是我们没有经历的，是我们不了解的，也未必是我们感兴趣的。我们不得不承认，自己的学习能力和适应能力都有下降的趋势。只要不太了解，就不太接受，甚至还比较排斥。那这就有些跟不上时代了。

社会的价值观念和个人的生活习惯都是在不断变化的，那些不适应、不习惯、不了解的事情和观念不一定是错的。

但由于我们习惯于自己的舒适区，就很容易对新生事物产生习惯性的排斥，从而关闭了自己的常识更新系统。

常识更新系统就可能因此老化，这种老化的常识更新系统自然就很难适应新的时代发展，就难以称之为健全。

4. 容错的机制

有的时候，也不是我们不想要健全的常识。只是通过健全的常识作出的新的判断，可能产生一些风险。首先是与以往的司法习惯产生差别，比如有些之前能够起诉的，现在不起诉了。光是我们自己的常识系统更新还不够，还必须更新整个司法体系的常识系统。否则我们更新的常识就有被否定的风险。比如我们跟上了时代，但是考核评价机制还是老皇历，那么我们越是跟上时代，就越有可能与传统的司法观念不一致，这就可能产生纠偏效应。

也就是我们更新了，反而会受到批评和非议，会被拉回来，而且还要承认自己更新的常识是错的。

这就很容易动摇我们对健全常识的信念：好像还是按照老规矩办事比较好，最好不要提出新的司法观点。

我们自己试图理解别人，有一份了解之同情，但自己的委屈却无人理解，而且还要咽下苦果。

时间长了，我们自己的心也会变得麻木，想来想去，这么干图什么？还是原来怎么办就怎么办吧。管它社会机制的问题，管它新的理念和要求，还是保持不变比较好。

从而产生劣币淘汰良币的现象。

你可能有一颗好心，但你成了一个奇怪的人。

在你下定决心去改变司法机制之前，大多数人可能还是选择维持现状。

所以，健全常识最难的就是最大限度地不去曲意逢迎。

最好的司法环境就是不阿的司法环境。

捕与不捕

二十年前,我们经常闭着眼睛捕,捕了很多现在根本不可能捕的案件,证据标准远远没有现在掌握得那么严格。

所以,公安有的时候确实认为来报捕就是走走手续。

走手续这个概念大家一直都在说,但是并不是所有人都知道它的确切含义。

据我理解,批捕方面的走手续有两重含义:一是公安认为批捕部门不会实质审查,报捕的基本都能捕,就像办手续一样容易;二是报捕类似于刑拘,刑拘是公安机关法制部门掌握的,与刑事侦查部门同属一个单位,是一家人,而批捕部门经常讲配合,与刑事侦查部门就像一家人,不分彼此,好沟通好说话。

这种局面是从2003年左右开始有所转变的,那个时间全国的批捕部门纷纷更名为侦查监督部门,并提出一体两翼的概念,即审查逮捕为一体,立案监督和侦查监督为其两翼。

更名的意义就在于从完全讲配合向旗帜鲜明的监督转变,

制发纠正违法通知书渐渐多了起来。2004年的时候，我发过一份纠正违法通知书，听说在此之前我当时所在的那个基层院很多年没有发过纠正违法通知书了。

而且那个时候就已经开始针对纠正违法通知书等监督事项进行一定程度的考核了，记得有一次我跟着处长到市院侦查监督处汇报，市院就对一个监督问题明确提出建议发纠正违法通知书，但我们的老处长就始终没有吐口。回去的路上他跟我说，不能做得太绝了，不能把公安都得罪光了。

那个时候配合仍然是主流，个别院虽然因为纠正违法通知书发得多而在排名方面遥遥领先，但是大家普遍并不羡慕，后来确实听说当地检警关系很僵，很多工作都不好开展。

虽然也在讲监督，但需要公安机关配合的地方更多。

与纠正违法通知书增多相伴随的，就是无罪和撤回起诉案件开始增多，尤其是在经济案件领域和轻伤害案件领域，特别容易产生无罪案件。

我甚至感觉那个时候的无罪案件应该比现在还要多，而且是突然间多起来的。

这样就带来一个结果，那就是不起诉案件也开始增多了。

因为公诉部门承受不起无罪和撤回起诉的风险，它必须要提前降低风险。

降低风险最好的方式就是不起诉，尤其是证据不足的不起诉。

这里就有捕后证据不足的不起诉。因此，侦监和公诉在检委会上打架是常事。主管侦监的副检察长往往资历更深，这是我们的优势。公诉的优势在于公诉人本身都能言善辩，从处长到承办人都是如此，而且他们审查的时间更长也更精细。

因此，在检委会上打架的时候，侦监的承办人往往不占优势，更多的时候是靠阅历、资历和刑事政策把握等方面来谈，谈证据谈法律都不行。

结果就是捕后不诉无法阻挡地不断增加。

对于侦监来说，即使是捕后不诉，也被称为捕后无罪处理，是需要逐案写自查报告的。刚上班那两年我经常帮别人写自查报告，所以印象很深。虽然我们侦监的人并不服气，但也没有办法，在自查报告上只能写认识分歧等，从而为自己辩白。

这个二十年前触发的趋势就没有中断过，体现了法院的压力传导、公诉的风险规避，以及批捕的进一步风险规避。

风险规避的最好方法就是不捕不诉。只要我不捕不诉了，我就没有责任了。

不诉就不可能出现无罪；不捕的话后面的不起诉和无罪也就跟我没有关系了，甚至是认可了我的判断。

总之，除罪化的处理可以极大地降低司法责任风险。

这个风险的引发是从法院的无罪判决开始的。

无罪或者撤回起诉就要承担巨大的司法责任，越是追究司法责任，越是没有公诉人敢冒司法责任的风险。

司法责任往往有追责事由，很少有免责事由。

而且一旦发生无罪和撤回起诉，只要复查，就总是能发现问题。

因为案件总是不完美的，如果带着结果归责的心态，戴着有色眼镜看人，就总是能够挑出问题来。

越来越多的公诉人认识到这个问题，他们索性就给自己设一堵防火墙，这个防火墙就是不捕不诉，将自己与案件的后续推进隔离开来。

在批捕处还没有更名为侦查监督处的时候，确实还是配合第一。即使因为配合而导致最后不起诉，很多时候也是可以原谅的，打击犯罪仍然是第一位的。打击犯罪的前提是配合，为了配合，牺牲一部分案件的办理质量是可以接受的。

但从后来的司法趋势看，监督和制约占的比例越来越高，配合的比例越来越少。

因此，现在开始对为了配合而进行的迁就不予原谅。从价值排序上，配合逐渐让位给监督和制约。

从这二十年的司法趋势来看：一方面，庭审实质化不断加强，以审判为中心的刑事诉讼制度改革不断深入推进，审判对公诉的倒逼机制也越来越强化；另一方面，司法责任制不断强化，责任带来的压力也越发不可承受。

在这个趋势下，不捕不诉成为一种更加安全的选择，尤其是不捕。从闭着眼睛捕逐渐过渡到闭着眼睛不捕。比如案件太多，干不过来的时候怎么办？先不捕啊，只要不捕，就可以不起诉，不起诉就没有捕后不诉的风险。起诉之后判缓刑实刑都无所谓，但是捕后判缓刑就不行。

即使取保之后判实刑也没有问题，也并不会说不捕质量不高，因为非羁押状态只要能够保障诉讼顺利进行就足够了。

对于证据，原来是迁就配合，差不多就行；现在是差一点都不行，很多时候是以起诉标准和审判标准来要求批捕。

个别案件，即使客观证据俱在，只要嫌疑人不认罪也不敢批捕，审查标准变得过度严格。而且只要承办人说不捕，也就没几个人敢拍板。

原来是一味讲配合，现在对配合问题又有点过于忽视。

捕与不捕不应从一个极端走向另一个极端。

捕与诉存在本质区别，不能等而视之。

批捕的作用之一在于保障侦查顺利进行。我们也必须认识到保障侦查顺利进行对于整个诉讼具有基础性的作用。

我认同基于比例性原则对轻罪原则上适用非羁押的措施，但对于重罪和重大复杂案件，不能对捕前证据过度苛求，还要充分考虑捕后侦查的延续性。

证据之间存在矛盾，但矛盾可以解释和排除的，并不属于证据不足不捕的范围。

排除合理怀疑，并不是排除一切怀疑。

而且批捕的标准也不是排除合理怀疑，那是公诉的标准，批捕的标准是有证据证明有犯罪事实。

现在是捕诉一体了,捕的时候当然立足于诉,因此我们提前思考一下排除合理怀疑也没有错,但这个标准一定不能卡在捕前,而是应该延伸到捕后的证据收集。

也就是说捕前是有证据证明有犯罪事实,但还是存在一些合理怀疑没有排除。此时不是马上不捕,而是要考虑这些合理怀疑能否通过捕后证据的收集而得以排除,能够排除的,可以批捕,但要关注捕后侦查的进展情况。

在捕后证据收集不力,移送审查起诉前无法达到排除合理怀疑标准的,撤销逮捕也不迟。

简单地把捕前收集证据的标准界定为提起公诉前的证据标准是人为拔高,是不切实际的。

当然,这也可能是对公安机关捕后收集证据空转的长期失望造成的,这里既有捕后消极侦查的问题,也有捕后引导侦查不力的问题。

捕前和捕后的引导侦查也是检警合作,这个合作有利于整体侦查水平的提高。

监督不是告诉对方此路不通就行了,而是一定要告诉他们应该怎么干,怎么干才能干好。

盲目的不捕了之也是一种不负责任的做法。

批捕与否与判决有罪与否还不一样,它不是一个终局性的结论,只是侦查环节的一个部分。

批捕不是办手续，也不仅仅是关卡，它应该是链接检警的枢纽，是从侦查期间就把检警绑在大控方的枢纽，是在案件侦破之后研究怎么办的机制。

所以批捕光坐着是不行的，一定要站起来，要动起来，要与侦查机关形成必要的协同。

捕与不捕都不是目的，怎么把案子办好才是目的。

为什么要容错？

为什么不要一棍子把人打死？为什么有些时候不能揪住一个问题不放？为什么刑罚要讲究谦抑性？

这都是在容错。

为什么要容错？不是说要眼里不揉沙子吗？

我们对违规违法犯罪的行为为什么网开一面？为什么给这些违法犯罪的人以机会呢？不是该怎么办就怎么办吗？

这主要是因为人非圣贤，孰能无过。

如果只要违反规则就都处罚一遍，那可能就没有好人了。

为什么说没有好人了呢？

因为我们的错误惩罚体系，除了一次性的惩罚之外，还有具有污名性的惩罚，而这种惩罚很有可能是终身性的。

比如处罚结论入档案，终身都会受其影响。

还有些是名誉性、心理性的影响，同样可以让人很长时间抬不起头来。

说到这儿，就会有人站出来说：活该呀！谁让他自己做错了事，那就应该受罚。

其实说这话的人，也不是完全不会犯错，只是事情没有临到自己头上的时候，怎么说都行。

我认为，容错与有错必罚都应该是治理体系的一部分，体现的就是治理制度的人性化。

我们讲治理，其中有教育、规范、惩戒等，其目标都是促使社会团结、向上，更有效率，更有活力，从而让我们整体上拥有更强的竞争优势。

如果我们自己把自己管死了，就会被社会淘汰，这个所谓的惩罚制度也就跟着一并被淘汰了。

比如一家管得很死的企业，只是管着上班必须打卡、不许带小孩上班什么的，抓到就狠狠惩罚，弄得员工人人自危，家里一点也照顾不上，肯定是没有心思认真工作了。即使在工位上坐着，也不一定想单位的事，而是想着怎么换个工作。

这个时候，企业的效益能好吗？

如果这家企业的效益不好，工资都开不出来，那员工更是没法待了，最终只能破产或者被兼并。

不容错，不得人心，就长不了啊。

相比之下，另一家企业，上下班可能也有制度，但相对灵活，只要把活干完了，家里有点什么事都可以通融一下，小孩子要是跟着来上班，领导还会跟这些小朋友打招呼。

凡是打过招呼的小朋友都会觉得妈妈上班的地方很有爱，下次还要去。这样的话，员工会轻易选择离职吗？

当然，小孩子确实会比较吵闹，多少会影响工作环境。但是大家都是过来人，孩子放暑假了，你让他们去哪儿呢？家长毕竟没有暑假。那这样的问题是不是要包容？连带着员工的迟到早退，中途离开单位，有的时候甚至没有请假溜出去半天，是不是都要一律处罚、扣钱？

单位与单位不一样，也要考虑单位的性质和工作内容。但是总体上来说，能够包容员工的单位，其向心力会更强。

这样一来，纪律是不是一定就废弛了？还怎么讲秩序？

针对这样的问题，我觉得要讲究一个度，也就是容错也要讲宽严相济。

小问题小错误，也要看什么性质的问题和错误，主观上是故意还是过失，犯错的原因是什么，以及犯错的本质是什么。

就说司法错误吧。有人认为司法关系到公平正义，极端重要。因为极端重要所以不能出错，只要出错了，不管多么微小都是十恶不赦的，就应该严惩不贷。

唯有严惩不贷，才会避免新的错误发生。

这就跟孩子只有打才会听话是一个道理。

但是我要跟你说，即使你打孩子，也不能保证孩子就一定听话。因为犯错误是不可避免的。

司法错误也一样是不可避免的，这就跟医疗错误是不可避免的一样。

很多患者对医疗错误是极端的不能容忍，但是不管如何不能容忍，一样不能完全避免医疗错误的发生。

这是因为人的行为本身就具有不确定性和不稳定性。

就比如文书校对，我们当然知道很重要，最好没有错别字，但谁敢说一万个字里没有一个错别字？

想要降低错别字的发生概率，就要极大提高校对成本，比如采用出版业的三审三校制度。

但是法律文书不可能做到三审三校，一审一校就已经很不错了。

这是因为司法的人力资源是有限的。比如一个办案组两个人，每年办理200件案件，需要校对的各类文书1000份，平均每份文书500字，累计起来就是50万字。

而且你不可能只是负责校对，还要撰写审查报告和各类文书，还要审查、核实、提讯、自行补充审查、引导侦查、开展认罪认罚工作、出席法庭、填写各类案卡，除此之外各类会议、调研、宣传、统计工作也不计其数。

因此留给认真审校文书的时间就很短了，很可能的是，你和你的助理或者书记员各干各的，根本没有什么交叉校对这一说，都是分头撰写，分头审校，否则根本忙不过来。

当然，这不是法律文书出现错别字的理由，但确实是法律文书有错别字的原因之一。

怎么降低错误率？提高责任心是一方面，有效降低人均办案数，减少非业务工作负担，是另一面。

如果把所有的错误都让承办人承担，管理层面的领导什么都不负责，那也是不公平的。不仅不公平，而且不能解决根本问题。

当然，同样的错别字，还要看它是什么错别字，发生在什么地方。

有的是把被告人的名字搞错了，那这就是张冠李戴了，这就是一个十分严重的问题。

还有的是法条引用错了，如果是辅助性法条还好，但如果是不起诉书的准据法条，那就涉及不起诉的种类，就是一个根本性的错误。

犯了这样的错误，对其进行处罚就十分有必要，这是提醒我们即使在工作繁忙的时候，也不能犯一些根本性的错误。而且这些根本性的错误，稍加注意还是能够避免的。

对于司法这么严肃的事情，我们谈容错合适不合适？公众会怎么看待这个问题？是否会接受？

首先，每个人都可能犯错误，这是难以避免的。其次，不管多么严谨，也不能完全杜绝所有的纰漏。再次，越是创造性的劳动，出现失误和错误的可能性就越大，因为难度系数变大了。

我们看过体操或者跳水比赛，很多高水平的运动员都愿意挑战难度系数大的动作，只有拿下这样的动作才可能冲金夺银。

只是完美地完成简单动作是不可能成为冠军的。他们也深知难度系数大的动作，失误的概率也是很大的，确实就有不少挑战失败的例子。

但是即使失败的可能性增加，他们也还是要拼一把。

因为竞技体育就是要不断挑战人类的极限，竞技体育表彰的也是这种挑战的勇气，而不只是稳稳当当地原地踏步。

科学实验也一样，越是重大的科学研究，失败的概率就越大。但是如果不挑战，人类就被局限住了，就不可能有新的拓展。

司法也一样，尤其是对于那些比较复杂的案件，不是我们故意犯错误，只是谁也不敢保证我们的判断就是百分之百准确的。

但我们不能仅凭着结果来下结论。比如有些案件的被告人具有高度的嫌疑，虽然有一些辩解，但是从公诉人的内心确信来说，可以高度确认犯罪事实清楚，证据确实充分，此时的公诉即使失败也不应受到指摘。

只要没有故意制造冤错案件，或者没有职业上的重大过失，就不应该受到任何负面评价。

但是我们还不能像容忍竞技体育、科学实验挑战失败一样来容忍司法错误，还是认为只要有错误就一定有责任。

我们必须明确一点，那就是有一些错误就是没有责任的，或者即使有一些责任也是不必追究的。

因为如果追究就有可能阻碍对公正的追求,就像阻碍对科学真理的追求一样。

我们要容忍这些无过错的失误和错误,甚至要容忍那些轻微的过错,这是为了确保后人敢于挑战新的难题,而不是一看到问题就退缩。

只要有一点证据问题就搞个证据不足不起诉,可能是最安全的,但那是对公平正义最有利的吗?

容错就是在包容同类的不完美,这既是给别人机会,也是给自己机会。

一面是情有可原,一面是无法可恕,怎么办?

有人提出了这样一个问题。

我想,提出这个问题的时候,他心中已经有答案了。

在办案的过程中,我们常常遇到这种情况,总觉得当事人很可怜,但是从法律上就是构。而且从先例上来讲,都是能捕能诉能判的,所以就感觉没有出路。

把他办了吧,有点对不起自己的良心;不办吧,似乎又存在一定的风险。

什么样的风险?

那就是跟别人不一样的风险,是出头的椽子先烂的风险。

很多人有良知,但他们更怕出头。

因为出头了就容易被质疑:凭什么你跟别人不一样?你的不一样到底有什么道理?

当你跟大家一样的时候,就不会遭到这样的质疑。

这就是一种趋同效应:尽量跟别人保持一致,这样就安全些。

即使你有时候也会怀疑，这样真的对吗，但是看看左右手，看看前后边，还是默默调整自己的心态。

并不是保持一致就是永远正确的，即使以前正确，也不一定现在就正确。

人们的价值观念正在转变，对同样一种行为的评价，也是此一时彼一时的。因为社会在变化，社会的关系在变化，认识也在变化，不能拿老眼光看人，也同样不能拿老眼光办案。

而且，我们说先例是怎么来的呢，先例不就是第一个作出的与以往不同的判断吗？

第一次作出这个与众不同的判断的时候，肯定也会存在风险啊。

有可能成为先例，也有可能是错误，是可能被纠正、有可能被追责的错误。

那为什么还要这样做呢？

因为我们相信自己的直觉。

我们内心深处过不去的，那必然是触及了深层的伦理基础，有时候我们说不太清，但总归是情有可原吧。

当然了，这个情有可原的行为在几十年前可能是一个很严重的问题。但现在，不知不觉地形势变化了，我们已经感觉不到它有什么严重的社会危害性了。

社会已经不那么害怕这种行为了，甚至渐渐接纳这种行为了。只是法律还没有完全调整过来，这就是法律的滞后性。所以我们才会讲无法可恕，也即法律上找不到明确的、直接的从宽依据，或者不追究的依据。

平时可能也没太考虑这个事。但是碰上这种案子之后，就感觉左也不是、右也不是。

我们思前想后顾虑什么呢？顾虑的是怎么能让自己良心上过得去，减少风险？或者是在没有风险的前提下，尽量让自己良心过得去？

我们也不要过于苛责于法律的不完备。

法律总是存在滞后性、不完善性，总是不完美的，总是跟不上时代，办案过程中也总是有法无可恕的尴尬局面。

但是法律其实早就预见到了这种尴尬局面，并且预先设定了解决路径。

在实体法上，体现为刑法的但书规定：情节显著轻微、危害不大的，不认为是犯罪。

具体什么是情节显著轻微、危害不大的情形，刑法没有说，它就是在给我们一定的空间，我们可以根据实际情况来判断。

对于一些情有可原的情形，虽然法律上没有具体的、明确的条文可以出罪，但还是可以通过但书进行综合裁量。

从这个意义上来说，我们并不是真的没有出路。

从程序法上，可以通过撤案、不起诉和判决无罪解决，实践中通过法定不诉解决得更多一些，这样就把这个自由裁量权的责任落在了检察官身上。

面对这种两难境地怎么办？只要我们拿得准的，完全可以通过法定不起诉解决，实体法上援引的就是《刑法》但书的规定。

我们经常诟病，很多法定犯入罪门槛太低，有很多行为没有必要按照犯罪来处理。

对此，我们自然应当呼吁立法机关进行调整，或者最高司法机关通过司法解释进行微调，但大多数的时候是来不及的。

在这种情况下，就完全可以通过法定不起诉来解决。

没有先例，我们就创造先例。

也就是既然认准的事，有先例要上，没有先例创造先例也要上。上了以后又怎么样？有的人害怕自己拿了意见，在上级那通不过。通不过有什么呢？继续说服啊。

实在通不过，至少说明你尽力了。

还有些人不愿意拿那么"极端"的意见。

他们习惯于拿一些相对稳妥的意见，比如相对不起诉或者缓刑。也就是退而求其次。

在安全和良心的天平上，安全这边占得多一点。

他们主要是害怕给上级留下不好的印象，害怕过于出头了。或者他们的上级是传统意见的坚持者，他们不愿意触怒上级，也没有信心说服上级，自然就选择了折中法，虽然良心仍然痛，但至少不会那么痛了。

只是，如果不选择尝试一下，又怎么知道上级那里一定通不过呢。也许上级也有一些犹豫，但你没有提出来，他自然也不好直接修改你的意见,那样会显得过于"绝对"了。

两头害怕,结果耽误了法治的向前一步。

良心过不去,就是过不去,勉强过去就是没有过去。

没有第一个吃螃蟹的人,社会就不会进步。没有第一个作出先例的人,法治也就无从发展。

法治的进步也一样是靠敢为天下先。之所以说是敢为,因为这首先需要的是胆量。胆小是不行的,创新是不可能不承担风险的。

第一个搞正当防卫的人,一定是要承担很大压力的。而这个压力承担过后,后边的人就好多了,正当防卫就可以成为一种趋势。

把反杀案认定为正当防卫也不是凭空出现的,它是法治意识积累到一定程度,是司法官的司法尝试积累到一定水平的产物,而且恰好在那个时间点上爆发了。

但也许放在十年前就爆发不了,放在二十年前就更奇怪。

但没有那么多尝试,没有那么多明知存在风险的尝试,也不会有今天的自然而然。

新的法治趋势不是自然而然实现的,是敢为天下先的司法官闯出来的。

如果这些尝试制造先例、尝试新的司法理念的司法官,考虑自己的利益多一点,考虑良心良知少一点,那么法治观念一定还会裹足不前,原地踏步。

不存在没有风险的成功。

仗义执言，有没有可能得罪人？知道会得罪人，那还要不要讲真话？

疾恶如仇，有没有可能遭到打击报复？明知可能被打击报复，那还要不要主持正义？

敢为人先，就有可能闹笑话，也可能触动惯性思维，那还要不要做这个尝试？

人生在世，处处有风险，即使不冒风险，也会存在僵化落后的风险，而且落后还可能挨打，这可能是更大的风险。

我们应当考虑风险，但不应当畏惧风险，只要目标正当，就要敢于面对。

所谓担当精神就是直面风险的勇气吧！

对撤回起诉应作实质评价

记得很早以前，公诉既管条线考核又管业务评查，撤回起诉并不是一定要扣分的情形。也就是只有被评价为有公诉责任时才会扣分。

因此，那个时候如果起诉理由充足，即使法院可能有一些不同看法，公诉人也是敢于理直气壮地起诉的，审批的人就敢于拍板，说"大不了就撤回来"，那是掷地有声的。

现在这种掷地有声的话少了，因为只要撤回来就会被扣分。不管是不是检法存在认识分歧都会扣。

之前复查撤回起诉案件的时候，经常会得出这样的结论：起诉也是有道理的，法院让撤回也有一定的道理，两家并非谁就一定对。事实的确如此。

现在，以这种有争议的观点来批评起诉的错误，本身也是值得商榷的，除非是有一定的硬伤。比如法律已经调整，但没有关注法律的变化；证据有严重瑕疵，承办人没有审查出来；

更严重一点就是这个事可能就不是被告干的,公诉人却牵强地认定。

这也都是明显和严肃的硬伤,是不可原谅的,因此需要评价为有公诉责任,同时需要扣分。

但是如果没有过错,就不应该扣分,比如起诉后发生了法律变更,有新证据出现,而这些新证据是之前无法预料到的。

当然,现在法律变更的问题一般也不会导致扣分。

前后差别比较大的,是法检认识分歧。

以往法检认识分歧,没有公诉责任的就不用扣分。现在即使是法检认识分歧,不管有没有公诉责任,都要扣分。

主要的原因就是在确定是否扣分之前,没有时间对撤回起诉进行实质评价。缺少与考核相配套的案件复查和实质评价机制。

这就导致唯结果论,也就是除了法律变更,不管是什么原因撤回,都要扣分。

其实在这些案件中,法检认识分歧占到了很大的比例,如果不实质评价是分辨不出来的。

所以,到底是否应当对存在检法认识分歧的撤回起诉的案件扣分?

我认为不应该扣分。

因为法院虽然让撤回,或者有可能判无罪,但这并不能确定法院一定是正确的。

认识到法院未必一定是正确的，是法律监督的前提。

如果只要法院有一个结论，就说它是绝对正确的，那检察院还监督个啥呢？

需要进行法律监督，就是因为判决裁定的正确性并不绝对，是可以动摇的。

当然了，我们在动摇判决裁定的时候，十分慎重，需要保护既判力，也就是保护司法的稳定性。

我们的抗诉要慎重，要经过复杂的程序，因为抗诉会产生启动二审程序或者审判监督程序的法律效力。

但我们对自己案件质量的评价，并不产生外部的法律效力，因此其审慎程度不应该高于外部的抗诉行为。

对外能够抗诉，能够对判决裁定提出公开的质疑，对内为什么不可以对这些判决裁定提出质疑？

需要质疑的其中之一，就是这些同意撤回的裁定。

其实这些撤回很多都是法官动议的，个别也有我们自己主动而为的。

与需要抗诉的判决裁定相比，这些对内部案件质量的裁定，也不是天然就合理的，天然就无须质疑。

抗诉还有一些必要性的问题，有时候认为判决裁定有错误，但错误比较小，基于保护既判力原则，也考虑到必要性，就没有提出抗诉。即使我们没有提出抗诉，在内心深处也是不认可这样的判决裁定的。这些我们内心深处不认可的判决裁定中，就有让我们撤回起诉的裁定。这些裁定我们不能同意,但我们也没有抗诉,其中就有必要性的考量。

此外,还有一个更为深层次的问题。那就是撤回起诉虽然是法官动议的,但在程序上也需检察院主动提出撤回建议,需要由检察机关主动出具撤回文书。

虽然事后审查或者上级院审查之后,有可能不同意这个撤回起诉的裁定,但已经来不及了。

抗诉就不一定有那么大的必要性,最重要的是,撤回也是你,抗诉也是你,不能出尔反尔啊。

更加重要的是,我们不敢坚持不撤,因为相比于撤回起诉,我们更怕无罪判决。

撤回起诉都是不问原因就扣分,无罪判决更加不得了,扣分没商量。不仅是扣分,简直是一个很大的污点,难以解释清楚,所有人对此都是否定态度。

只要是无罪就是你有问题,这样的观点根深蒂固。对撤回起诉都不管检法争议,对无罪判决更加不会考虑是不是检法争议。

所以,这个唯结果论是一脉相承的,愈演愈烈的。

那这种唯结果论带来的结果是什么呢?是不敢坚持下判,不敢进一步提出抗诉进行法律监督。

这就必然导致撤回起诉盛行。

其实就是拿撤回起诉换无罪,这里也赔上了审判监督。

因为明明有道理的案件，不敢坚持，就失去了很好的抗诉机会。

抗诉也是要说出一些道理的。

这些道理可能是检法争议之处，但撤回起诉了，息事宁人之后，也就没法抗诉了。

而且在我们主动请求法院给予撤回机会的时候，就不仅是对这些有争议的案件不敢抗，对那些判决有硬伤的案件，有时候也会选择放过了。

因为我们不敢跟法院撕破脸，我们需要搞好检法关系，我们要照顾法院的情绪和面子。

于是，这就进一步葬送了审判监督的机会。

撤回起诉虽然不是那么多，但是因为唯结果论，就是要扣分。这必然导致公诉人不敢起诉。他们会自动地把检法有争议的案件过滤出来，然后作不起诉。

他们要给自己保底，这些有争议的案件，有些有很强的起诉必要性，有些还具有重大的社会影响，完全可以往前走一步，让这些案件走完审判程序。但是因为内心的恐惧，最终还是放过了这些有疑点的案件，包括放过内心中确认的罪犯。

有些案件可能都算不上有争议，只是有个别不同意见，这也同样让人害怕。

有人害怕这种少数派的意见可能在合议庭中出现。

就这样将争议案件挡在了起诉大门之外，哪怕只是一点点争议。

实践中根本没有完美的案件和证据链条,也没有完美无缺的刑法理论,总是有一些可以讨论的空间,尤其是参与讨论的人越多,越是可能有一些不同想法。

如果这些个别的不同想法也可以干扰起诉规定,那么公诉人就已经是有些妄想恐惧了。

这也可以解释不起诉率不断提高的现象。

是因为恐惧,是因为坚持起诉不能得到公正的、实质的评价。

这样一来,动辄放弃起诉只是一种自保心理吧。

裁判文书公开有利于提高办案质量

最高人民法院《关于人民法院在互联网公布裁判文书的规定》（以下简称《规定》）已于2013年11月13日由最高人民法院审判委员会第1595次会议通过并予公布，自2014年1月1日起施行，后于2016年进行修订，至今仍然有效——其并未废止，也发现有新的其他规定予以替代。

从《规定》实施起算，裁判文书网上公开已经走过十多个年头。十多年来，根据中国裁判文书网2023年12月5日的统计数据，累积公开各类裁判文书1.4亿份，网上访问量达1077亿次，其中公开了刑事裁判文书1001万份，平均每年公开100万份，平均每天公开2740份，2023年12月5日当日公开了3份刑事裁判文书。

《规定》第4条规定，人民法院作出的裁判文书有下列情形之一的，不在互联网公布："（一）涉及国家秘密的；（二）未成年人犯罪的；（三）以调解方式结案或者确认人民调解协议效力的，但为保护国家利益、社会公共利益、他人合法权益确有必要公开的除外；（四）离婚诉讼或者涉及未成年子女抚养、监护的；（五）人民法院认为不宜在互联网公布的其他情形。"

《规定》第12条规定："办案法官认为裁判文书具有本规定第四条第（五）项不宜在互联网公布情形的，应当提出书面意见及理由，由部门负责人审查后报主管副院长审定。"

可见，裁判网上公开采取的是一般公开原则，除了例外都要公开，而例外采取以列举式为主、以兜底式概括规定为辅的方式，对于其他例外情形进行严格控制——需要提出书面意见及理由并报主管副院长审定。

这种审批设计方式就是为了避免随意以例外为由不公开，目的也是更好、更彻底地公开。

裁判公开是好事，有利于法治的进步和发展，尤其是有利于提高办案质量，这里我也列了几个具体的理由。

1. 提高文书质量

只要听说文书要公开的，那至少也要多校对几遍。

因为一旦公开，文字错误一旦被发现就会成为法官的污点，必然会引起法官充分的重视。

有些文字错误不仅是笔误，还有可能是法条引用错误，证据事实描述错误，甚至被告人、被害人的姓名错误，刑期计算错误等实质性错误。

采用公开压力的倒逼功能,不仅有利于提高文字准确率,也有利于提高裁判文书的基础质量。

2. 增强说理性

裁判的说理性与受众多少有关系。

如果我写一篇文章只有几个人看,未必会十分用心。但如果我知道这篇文章会有成千上万人看,甚至会成为经典,有数百万人阅读,就会在各个方面都十分谨慎。裁判的说理性越强,越可能增加阅读量,越可能成为示范性的、典型性的裁判文书,甚至被誉为伟大的文书。在这种机制下,法官的积极性就会极大提高。

增加说理的篇幅,查阅资料和审阅案卷的深度投入就比较值得,就会有内生性的动力。

一旦说不用公开了,那就会让作者很泄气,其创作的动力也会直线下降。

就像一个一直能够发表作品的作家,突然无法发表了,那必然极大地挫伤他的创作热情。

但裁判文书也不是想不写就不写的,任务仍然要完成,只是完成的质量必然打折扣,首当其冲的就是说理性。

可以说,说理性是最凝结司法智慧的,是强迫不来的,只能通过激励机制触发。

一旦公开面缩小了，就意味着直接将说理性的激励机制切断了，必然导致创造性司法内容的减少，让文书的含金量下降。

应付性的裁判必然会增加，糊弄事的文书必然会增加，司法官亲力亲为撰写的文书比例会降低。

3. 以公开促公正

更大范围的公开就意味着更高程度的公正。

在实际旁听率不高的情况下，庭审直播减少，庭审直播回看功能无法使用，再加上裁判文书公开比例的大幅度降低，必然导致审判公开的程度降低。

审判公开程度的降低，会导致审判中的一些违法行为无法被及时发现，意味着审判中暴露的前一诉讼环节中的问题也无法被及时发现。

这样一来就会导致审判的社会监督力度降低。阳光是最好的防腐剂，公开才能促公正。

只要知道所有的证据都会以最公开透明的方式呈现，那么在整个诉讼环节上谁敢做手脚？谁又敢硬判瞎判？

因为法官知道群众的眼睛是雪亮的，只要有问题，看的人多了就容易发现，但前提是要使更多的人能够看到。

法官只要知道判决一定会经受社会的检验，就会形成一种心理上的防范机制，就会避免任何人的干扰，因为他怕这种干扰被看出来、被曝光。

这是一种强有力的他律机制，从而避免审判走偏。

4. 促进司法统一

判决是判例的基础，没有判决就无从总结判例。

能够公开的指导案例、典型案例是非常有限的，大量的判决并未被总结为指导案例、典型案例。

但是只要这个判决有一定的典型性和代表性，就具备了总结为指导案例、典型案例的潜质，可以说每一份判决都可能是未被雕琢的璞玉。

这些公开的判决就是潜在的案例库，一千万份刑事判决就是千万的案例库。如果只有一千份判决，你是写不出一万个案例的。

正式的案例太少，难以充分满足司法的需求。很多不典型的案件中，只有在规模足够大的裁判文书库里才有可能找到类似的案例，才有可能实现有效的参考。文书库如果不够大，案例库就必然做不大。想要找到合适的案例就比登天还难。

不能及时找到相似的案例，就无法实现案件之间司法标准的参照对齐，就会导致各行其是。

如果裁判文书能够持续更新，就会形成越来越庞大的案例资料库，就可以随时进行各种各样案件的比对，就可以实现司法标准多层次、多领域的统一。

5. 规范公开方式

即使法院不公开裁判文书，被告人及其辩护人也可以自行公开裁判文书。

而且非官方的组织也可以将这些各自公开的文书汇集起来，建立自己的裁判文书库。

这种公开一般不会隐匿屏蔽相关信息，因为他们没有裁判文书的电子版。作为电子版所有人的法院没有公开，那就促成了民间自行组织公开的机遇。

你不公开，人家公开了，这必然导致一些混乱和不规范。

其实最高法通过建立裁判文书网和发布配套的《规定》，就是要经由统一的方式实现一种公开的规范化。

不是随意公开，而是有步骤有程序，处理掉必要的隐私性的信息，这就会使得公开的负面影响降到最低。

总之，裁判文书的公开是一件好事，应该尽量坚持下去。即使在公开的过程中会出现一些新问题，也应该通过对《规定》的不断完善而妥善解决。

发展中的问题只能通过发展来解决，回避不行。

犯罪标签化

根据最高人民法院的工作报告，2021年审结的一审刑事案件119.8万件，判处罪犯142.9万人。

这些人中将近九成犯的是轻罪，也就是判处三年以下有期徒刑、缓刑、拘役、管制、单处罚金以及定罪免刑，其中危险驾驶一个罪的犯罪人数就达到了30万。

但是不管判得多轻，他们都是有前科的人了。

这就是一个难以磨灭的标签了，除了占比极少的未成年罪犯，其他的罪犯都需要前科报告。

要带着这个前科生活多少年呢？

如果一个人犯罪的时候是30岁，按照目前的人均寿命78.2岁计算，就意味着他要背着这个前科生活48.2年，将近半个世纪。

刨除一些重复犯罪的情况，以每年判处罪犯100万人计算，这五十年就可能是5000万的罪犯存量。

虽然这是一个大致的估算，但至少要有几千万的前科人员同时存在是没有太大争议的。

这不是一个小数目。

就想想危险驾驶，每年30万人入刑，十年也有300万人了，五十年就是1500万人，更不要说加上别的犯罪了。

危险驾驶罪犯基本都吊销驾照了，他们很难重复危险驾驶，所以判的危险驾驶基本都是新入罪的人。

这些人虽然判几个月就出来了，但是出来之后呢，他们怎么生活？

他们很可能失去体面的工作，有公职的基本都要被开除，其他工作也不易保留。

只能是自己做点生意，因为入职都要拿一个无犯罪记录证明，这个都开不出来。

失去一份体面的工作意味着什么？

意味着失去了体面的社会地位，失去了原来的社交圈层，就会面临圈层降级，也就是社交降级，原来你可以交往到的"体面人"，因为你的入狱而把你拉黑了，俗话说你"社死"了。

这个"社死"不是定罪之后才开始的，而是从你被羁押就开始了，也就是从大家都传说你"进去了"开始的。

有的可能知道因为什么事，有的根本就不知道，因此往往把现有的情况说得更加严重。听到这个消息的人，就会有一种恐慌感。他们会觉得，那个人"进去了"，我一定要离他远一点。

因为他们害怕受到负面的影响，影响自己的"进步"。

这也是人之常情，你也可以说是世态炎凉，大部分人都比较现实，都会从自己角度考虑问题多一点。

你原来的工作岗位比较好，前途光明，这个时候很多跟你层次相当的朋友，想跟你共同进步；不如你的人，自然想借你的光；地位比你高的人，也会赏识你的才华，看到你的势头也想跟你拉近距离。

但你一旦出事，也就是一旦你犯罪了，就会成为朋友、同事、上级的社交负担，他们需要立即切割，最好表现出一副和你不熟甚至不认识你的样子。

他们想跟你切割，以保证自己的绝对安全。

这样想的人比较多，你就会陷入一种社交孤立状态，你的前科就成了你丑陋的外表，让大家避之唯恐不及。

这种社交孤立反映到工作岗位上就是单位领导也希望能够与你切割，这样一切割，你的工作就没了。

工作没了，不仅是社会地位没了，收入也受到很大的影响。

也就是前科还将产生收入降级效应，收入一降级，生活也就跟着降级了。比如月供、房租、车贷、孩子的教育费用、日用消费品等，都成了负担。

这个收入降级很难马上解决，因为好工作本身就竞争激烈，正常人都招不过来，怎么会招有前科的？一旦要了这个人，整个单位都要承受某种风险，比如暴力倾向，其他同事的人身安全就可能面临危险。

这一串负面影响接踵而至，导致人生很难翻盘。

即使你很努力，也很难获得同样的机会，要永远背着前科的枷锁，没有打开的一天。你永远都要承受别人怀疑、审视的目光，就好像脸上有字。

前科就是贴在别人心里的标签，已经根深蒂固，把轻罪罪犯压在了五行山下，使之永世不得翻身了。

这种标签会让人走不出来，就只好破罐子破摔。也就是标签的倒逼作用，让人没有出路。意志坚强的人，还能扛一扛。如果意志不坚强，就很有可能放弃融入社会，变得越来越离群索居。

罪犯不仅犯了罪，还交不到朋友了。他们苦闷、发怒，无处发泄，有些人逼急了就容易铤而走险。

犯罪这所有的标签化效应，都是阻碍犯罪人融入社会的。

这种阻碍主要是拜标签效应的终身制所赐，一朝确定永远生效，也不管这个罪行有多轻，刑罚期限有多短。这也是一种不公平。

公平的方式应该是根据犯罪行为的严重性来确定前科消灭的时间表。只要达到一定的年限就可以像正常人一样，不应再受到歧视，歧视是不利于社会融合的。

上面说的标签效应还只是罪犯本人的，还没有谈到对他子女的负面影响。虽然这个负面影响并没有法律支持，但确实普遍存在。

有一个读者曾经跟我说，他有过前科，现在连孩子都不想生，他怕自己的前科连累孩子。让孩子也贴上了罪犯子女的标签。从而潜移默化地影响青少年的人生。

如果有四五千万罪犯在社会上生活，那么他们的子女有多少人？

我们怎能忽视这种重大而潜在的风险？

尽量减少犯罪标签化，是社会容错能力和融合能力的体现。

尽量降低犯罪标签化对子女的影响，更是体现法律面前人人平等的宪法原则，一个人不应该为他人的行为承担责任。

犯罪标签化，虽然可以满足一部分人的报复欲，却构成了长久隐患，是社会安全的灰犀牛。

这个隐患如此巨大，我们却浑然不觉。

解决犯罪标签化问题，已经成为新时代的法治课题，刻不容缓。

如何去犯罪标签？

我必须承认，我在小学的时候打过人。

有一次打雪仗，我被一个雪球打到脸上特别疼。我就觉得奇怪，一看，发现这是一个石头芯的雪球。我当时特别生气，就把这个同学打倒在雪堆上。

现在想来，这谈不上是防卫，而是一种报复吧。

我曾经还用木头椅子与同学对打，这并不是我的发明，这是大家打架时经常使用的工具。

我还与同学相互揪着头发哈着腰，撕扯过半天，直到上课。我特别讨厌揪头发这一招，但是如果别人揪你，你不揪别人，就有可能被垫炮攻击，那样会更惨。垫炮攻击就是揪着别人的头发用膝盖垫别人的头面部，这一招非常狠。

这些好像都带有一些防卫性质。

还有绝对不是防卫的，比如别人大口骂脏话的时候我也会动手。班上有一些同学从学校对面的录像厅里学到了骂人的脏话，老想在班里找人做实验，因为我比较瘦弱，有时候会被当作实验对象，这让我不能忍受。

我又不习惯与他们对骂。我们那边一直奉行能动手尽量不动口的风俗，也不流行这种骂来骂去的嘴仗。所以虽然我不能打，也必须要上。

还有我发音不准，比如l这个声母我只能发成n，也经常被嘲笑，嘲笑厉害的时候，我也会动手，这主要取决于场合，尤其是女生比较多的时候，面子上下不来，动手的可能性更大一些。

我这么做毕竟是因为受到了侮辱，好像反击也有一些道义基础。

还有一些行为是有争议的。有一次一个低我一两个年级的小男孩，在走廊里突然冲往我嚷嚷并冲过来，说我老是撩他姐什么的。可能是我表达好感的方式不对吧，但我绝对不想跟低年级的小孩解释，看他咄咄逼人的架势，我竟然给了他一个大背跨，我都不知道是什么时候学会的，结果他一声不吭就跑了。

这些攻击行为有些很难完全进行正当化的解释。

但非常幸运的是，这些打人的行为并没有给我留下人生的污点，主要是小学生也没有档案。

而且我们打架一般也不会告诉老师的，因为告诉老师会被认为是一种懦弱的行为，反而更加容易遭到霸凌。

事实上，即使告诉老师也没有什么用，老师也管不了那么多。

其实我从小就是一个胆子很小的孩子，不被欺负就不错了，绝对不敢遭灾惹祸。

即使这样，也免不了要出手打人。

有的时候有防卫性质，但更多是防卫不适时，或者缺少紧迫性，总之也是一种伤害行为。

幸运的是，结果方面没有达到犯罪的严重程度；更为幸运的是，我的这些不好的行为，可以随着岁月烟消云散。

大家依然可以把我当作一个好学生看，那些打人的行为没有记入档案之中，更不会成为我一生需要背负的前科劣迹。

人们必须学会遗忘才能不断向前。社会也需要遗忘才能团结一致向前看。

不能让任何污点都永远记录、展示下去，应该给人一个重新做人的机会。这个重新做人的机会不仅仅是刑满释放，不仅仅是轻缓刑罚，还应该是让这些犯罪的记录随风飘去。

哪个男孩没打过架呢？

我并非为自己曾经的打人行为忏悔，我觉得没什么可忏悔的，我不后悔自己的抗争，虽然不是每次都赢。但是我深知这些抗争有时会触犯一些规则。而在触犯规则的时候就会产生一些污点性的结果。

小的时候虽然不计入档案，但是大了就要计入档案，再大了再严重的就要成为犯罪记录。

但是有些错误，有些违法行为，有些犯罪行为，并非都是不可饶恕的。即使是犯罪也不是永远不可饶恕的。而且犯罪行为也通过刑罚承担了责任。

但前科效应是终身的，不管什么样的罪行都要让他终生煎熬，是不是有这个必要？

让他煎熬不要紧，他的家人也会跟着煎熬，因此也要受到负面的影响。

这就犯罪的标签作用。

我强烈建议尽快采取措施，最大程度消除标签作用，让犯罪人真正变成正常人，只有这样才能真正回归。

是不是因为我在小学打过架，我在中学大学就同样也会打架，就永远不能成为一个好学生？

答案是否定的。

小的时候不懂事，不知深浅，长大一点明白事理之后就会有变化，就会有敬畏之心了。

而且小学打架，也不仅仅是学生的事，还要看当时是怎样的氛围，如果被欺负了也不还手，会不会被欺负得更厉害？所以打架可能是一种保护机制，让大家知道自己不是好惹的，从而为自己创造一个相对和平的环境。正所谓打得一拳开、免得百拳来吧。

在这个问题上，那些"只要打架就不对"的规定，是不是本身就有问题？

有没有一种可能，犯罪的发生有时候也是因为法律规定得不那么合理呢？

还有一个问题，那就是有些犯罪往往在青少年的时候容易发生。主要是因为年轻气盛吧，容易冲动，也没有成家，没有太多顾虑。

但是随着年龄的增长，火气没有那么旺了，而且有家有业的，也就没有那么多的攻击性了。

也就是随着年龄的增长，犯罪的可能性会有一定的下降。

既然如此，为什么要让年轻时犯的错误，在中年和老年阶段还继续背着？

最简单的方法就是不记录或者记录定期删除。也就是要建立分层次的前科消灭制度，根据不同刑期的刑罚，综合危害程度等因素，建立一个前科消灭的年限。

比如一年以下刑罚经过三年，三年以下刑罚经过五年，三年以上有期徒刑经过十年，犯罪前科自动消灭。

这些消灭必须彻底，就跟这人完全没有犯过罪一样。

让他真的可以成为一个更好的人。

抛弃前科轻装上阵，这将是上千万人的巨大福利和巨大动力。

给别人机会，就是给自己机会。

去犯罪标签是社会给个人的一次机会，也是让社会变得更和谐、更美好的一次机会。

把处分从档案中撤出来

双雪涛在小说《聋哑时代》中写过这么一个桥段。

一个初中男生为了给女生解围,把另一个男生打了。学校要处分他,家长跪求都不行。但这个男生说,如果我在中考中考了全校第一,能不能把处分从档案中撤出来?校长说你只要考上重点高中就行,后来这个男孩果然以全校第一的身份考上了重点高中,处分也给撤了出来。

先不讨论当时的处分公不公正,值得关注的是能把处分从档案中撤出来这件事本身对人的激励有多大。因为这个男孩原来学习成绩平平,校长用的也是激将法。

当然了,这是小说的虚构情节,但现实中我们都知道档案是要背一辈子的,对一个人的一生都会产生影响,如果有一个污点就相当于一生都要带着这个污点。

从档案中撤出这个处分,某种意义上就是前科消灭制度的体现。

要求考全校第一才能撤销处分就相当于附条件的前科消灭，相当于一种考察制度。

要想从成绩平平考到全校第一，一定要付出艰辛的努力，一定需要毅力、勇气和恒心，而且还要有相当良好的学习习惯和时间掌控能力，这就无暇调皮捣蛋了。

因此看起来这个结果似乎与行为改造无关，其实紧密相关。

档案中有处分是一件非常重要的事，比如电影《神探》中就多次提到档案会"花"，其实也是害怕在档案中放入处分决定，所以丢枪也不敢及时报告。

根据《公务员法》的规定，即使有行政处分，也不是一直都要受到负面影响的，其中有一个处分期间的规定：警告，六个月；记过，十二个月；记大过，十八个月；降级、撤职，二十四个月。公务员受开除以外的处分，在受处分期间有悔改表现，并且没有再发生违纪违法行为的，处分期满后自动解除。

受过处分的，在处分期满解除后，仍然可以晋级晋升和提拔。这么来看不是有了处分就永远不能进步了。

但也有很多情况，看到档案中有处分存在，虽然已经期满解除了，但仍然认为存在污点，进而影响遴选、进步的，也不少见。

这也是为什么人们都不想在档案中放入处分的原因。

因此，这个自动解除与从档案中直接撤出还是有所差别的。

从档案中撤出更接近于前科消灭制度。但是现在都有电子记录存在,即使处分决定从档案撤出,只要想查到这个决定的记录还是能够查到的。除非连同那个记录也删除或者封存。

在这里我就是想说明,前科消灭制度以及可能延伸的处分消灭制度,对于重新做人的意义有多大,对人的潜能有多大的激发作用。

人带着污点活着是一种什么样的感受?他再也无法融入主流社会之中了。

即使他干得再好,再改过自新,也要低人一头,也还是会受到歧视,得不到公平的机会。

而且这种歧视和不公平又是难以逃避、难以躲藏的。

因为不管在哪里,档案及其记载的污点都伴随,犯罪记录更是如影随形,更别提还有强制报告制度。

《悲惨世界》里的冉·阿让也是终生受到这种排斥和歧视的折磨。即使他干出一番事业,但只要翻开他的老底,他就什么也不是了。

应该这样吗?

应该给人一个改过自新的机会,而且这个机会应该给的彻底一点。

不仅仅是自动解除,而是应该彻底删除,只有这样才能真的让人重新做人,才能激发出巨大的向善潜能。

自动解除和彻底删除在条件要求上肯定有所差别,但是只要能够解除,能够删除,哪怕苛刻一点也没关系。

比如要求犯罪人考取一定的学历或者习得一定的技能，履行一定时长的社区服务，通过一些考核测试评估……这都是可以的，总之就是应该有一条路。

这条路是通往光明之路，是重新做人之路。

从具体实行来讲，前科消灭应该限定在未成年人犯罪和成年人轻罪这个范围，对于重罪案件和特定危险性的犯罪并不适用。

在轻罪中也可以采取渐进性的路线，比如从免刑、非监禁刑开始，逐步扩大到三年以下的大部分案件。

免刑和非监禁刑本身就说明犯罪人的社会危害性和人身危险性很低，也就是更加具备融入社会的条件。在这种情况下，如果能够给一个前科消灭，对这些轻罪犯罪人复归社会一定会产生极大的助力。因为这意味着他们能够以完全平等的身份重新做人，这是一种巨大的诱惑。

当然，为了确保这些前科消灭者能够真正悔改，不至于重新犯罪，可以在附条件的前科消灭之后，再附加一个考验期，比如两年。

在考验期之内又犯罪的，则前科消灭自动失效，将自动恢复其前科，这种"二进宫"的，将不再享有前科消灭的待遇。

这样也能够在一定程度上约束前科消灭者珍惜难得的机会，遵纪守法，从而降低再犯率。

这体现了损失厌恶效应，也就是前科消灭让犯罪人获得了一个难得的重生机会，因此其是不会轻易放弃这个机会的。这样一来，再犯罪的成本对他们来说就变得非常高昂，从而让其无法承受。

而没有前科消灭制度，他们受到排斥和歧视，就容易破罐子破摔：反正现在也是被歧视，那干脆一不做二不休了，这就相当于促使犯罪人再次犯罪，至少是没有太多的顾忌。

前科消灭制度不仅是给犯罪人一线光明，更是给社会光明带来更多的机会。

轻罪犯罪记录封存制度的构建

提到犯罪记录封存,很多人认为这还是未成年犯罪的事,这是2012年《刑事诉讼法》修改时作为未成年人刑事案件诉讼程序的一部分纳入法律当中的。具体来说就是犯罪的时候不满十八周岁,被判处五年有期徒刑以下刑罚的,应当对相关犯罪记录予以封存。犯罪记录被封存的,不得向任何单位和个人提供,但司法机关为办案需要或者有关单位根据国家规定进行查询的除外。依法进行查询的单位,应当对被封存的犯罪记录的情况予以保密。

这是重大的法治进步,体现了对未成年人的特别保护,体现了教育挽救的政策,有利于其融入和复归社会。

但是从犯罪结构来看,未成年人犯罪只占到了很小的比例,绝大部分还是成年人犯罪。至于成年人犯罪,从二十年来犯罪结构变化的趋势看,80%是三年以下的轻罪案件。在这些轻罪中,相当比例的是一年以下的案件,甚至几个月不等的拘役,危险驾驶罪就是最突出的代表,其已经替代盗窃罪成为占比最高的罪名,其他还有不少的案件适用缓刑、管制、单处罚金等非监禁刑。犯罪的严重程度和暴力程度在大比例下降,蓄意的、极端的犯罪形式成为极少数,大多数的犯罪呈现一种偶发性、过失性。如果说未成年犯需要教育挽救,那这些轻罪的成年犯也需要教育和挽救,需要社会再给他们一次机会。

但是再轻微的犯罪都要履行前科报告制度。而且目前的犯罪制度并未设计前科的有效期限,这实际上就造成前科报告制度的永久化。前科制度本来是通过记载和标识犯罪人身份,从而起到一种保护社会的功能。但在正面功能之外,它也具有很强的负面作用,那就是将曾经犯罪的人贴上标签,打入另册,使之很难再融入社会。目前有上百部法律、行政法规、部门规章对犯罪人进行了各种限制,包括高考、入伍、公务员考试以及特定职业考试。而且现在各种企业普遍要求入职人员出具无犯罪记录证明,没有了这个证明,很多人寸步难行,前科制度成为犯罪人复归社会的最大障碍。

从实践来看,越是轻罪的犯罪人,越是需要在社会上生活更长时间,受到前科制度的影响时间就越长。那些严重的犯罪人,因为服刑时间长,而回归社会的时间短,前科对他们的影响反倒小了,这显然是不公平的。即使是同样受到终身的影响,也没有体现轻重有别的比例性原则。

从比例性原则的角度,参照未成年人犯罪记录封存的制度导向，轻罪案件也有必要建立一套相应的犯罪记录封存制度，进而过渡到经过特定时限和特定条件的前科消灭制度。虽然成年人犯罪没有未成年人特别保护的法律背景，但是从刑罚的本质功能考虑，其不在于区隔和消灭，而在于融入和复归。对轻微犯罪建立犯罪记录封存制度，就是给绝大多数人身危险不大、比较容易改造的轻罪犯罪人以机会，以体现司法温度，变消极力量为积极力量，最大限度实现社会团结与和谐。

由于我们在入学、入伍和就业的政审政策中，父母的犯罪记录还会给子女造成负面影响，从而产生"株连效应"，轻罪犯罪记录封存制度的建立，在不能完全解决"株连效应"的前提下，可以立竿见影地消除对子女的不利影响，使他们获得平等的公民待遇，最大限度消除"株连效应"的负面影响，减少不公平对待所产生的对抗情绪。

在具体制度设计上，可以考虑判处三年以下有期徒刑的，应当对犯罪记录予以封存。但是实施的犯罪属于危害国家安全犯罪、恐怖活动犯罪、黑社会组织犯罪等危害性较大的犯罪，或者是毒品犯罪、性犯罪等再犯可能性高的犯罪以及多次犯罪或者构成累犯的除外。犯罪记录封存之后重新犯罪的，原封存记录自动解封。

也就是树立一种轻罪一般应当封存记录的原则，但根据犯罪的严重程度以及改造可能性和再犯可能性设定一些例外，这种例外既考虑特定犯罪的特殊性和人身危险性，也通过多次实施犯罪或者构成累犯来衡量再犯可能性。同时明确封存之后重新犯罪的,原来的犯罪记录一并解封,从而体现了有针对性的犯罪预防。

但现在有一个问题,法律并没有明确规定设置统一的犯罪记录查询机制。虽然两高三部早在 2012 年就印发了《关于建立犯罪人员犯罪记录制度的意见》,要求公检法司分别建立有关记录信息库,并实现互联互通,待条件成熟后建立全国统一的犯罪信息库。但十多年过去了,全国统一的犯罪信息库也没有建成,甚至各司法机关的分别信息库也没有建立。目前犯罪记录主要的查询单位其实还是公安机关。普遍就是由公安机关的派出所来提供无犯罪记录的证明。这里存在一些根本性的问题,因为犯罪记录当然是指法院作出有罪判决,并且已经生效的犯罪记录。它既不是在诉讼过程中的过程记录,也不是对强制措施的记载,或者不起诉、撤案等处理决定。

公安机关在犯罪记录查询上存在三个方面的结构性障碍。

第一是信息无法及时更新,法院判决信息未必能够及时反馈给公安机关并录入人口数据库,这里既有法院与公安的信息互联问题,也有公安机关内部刑事侦查信息库与人口管理数据库的互联问题。这就有可能出现一审判决有罪,二审判决无罪,或者发回重审之后判决无罪等情况。如果只有一审有罪信息,那就会导致本来无罪之人因为信息不对称,反而查询出有罪。

第二是户籍民警负责无犯罪记录查询,难以准确区分何为犯罪记录。在未成年犯罪记录封存和查询的过程中，有的就将应该封存的未成年犯罪记录提供给查询方的。还有将立案记录、撤案记录、不起诉记录、强制措施记录等当作犯罪记录提供的。有些公安机关同时负责出具无犯罪记录和无违法记录，有时候合并出具无违法犯罪记录。在这种情况下，就有可能将行政处罚决定，甚至行政违法的处理记录也当作犯罪记录予以出示。

第三是在犯罪记录已经封存的情况下，有些民警还是不敢出具无犯罪记录的证明。因为即使是未成年人犯罪，即使已经有明确的封存依据，但是因为犯罪记录在系统中客观存在，虽然封存但系统上仍然可以查询到。在这种情况下，明明有而出具无，工作人员就感到十分为难。害怕虽然因为封存的规定而出具了无犯罪记录的证明，但是如果未成年人如果再犯罪，自己就可能承担责任。这一方面有理念问题和政策执行的原因，也有系统没有根据封存要求进行必要更新，从而没能实现技术性的自动封存效果的原因。

现在贯彻比较好的是检法对未成年人纸质司法档案的封存，但是真正来查询纸质档案的人非常少。绝大部分人和单位还是要到派出所去查询犯罪记录。因此，轻罪犯罪记录的封存如果要落实，还必须从数据记录的角度进行，这也是犯罪记录封存的关键。

考虑到刚才分析的结构性问题，建议在统一犯罪记录查询系统建立之前，规定有查询需求的，统一到人民法院进行犯罪记录查询。这主要有三个方面的原因：一是法院掌握最权威的定罪信息，从法院查询定罪情况包括判决生效情况，不可能出现信息反馈不及时、不准确的问题。二是法院人员更加专业，可以有效区分犯罪记录与诉讼过程和强制措施之间的区别。三是法院系统只是收录单纯的犯罪记录，不收录行政处罚记录，从而避免行政违法记录与犯罪记录的混同。

除了建立犯罪记录查询统一系统之外，还应该确立犯罪记录查询的基本规则。重点需要明确以下六个方面的内容：一是犯罪记录只能由人民法院出具，其他机关和单位无权出具有无犯罪记录的证明，公安机关不再开展此项工作；二是除了未成年犯罪记录封存之外，轻罪犯罪记录也要封存，违法记录也同样要封存；三是犯罪记录封存采取数据记录与纸质档案同步进行原则；四是对于已经封存的犯罪记录，在查询时即视为不存在，一般公民和单位进行查询时，应当出具无犯罪记录的证明，只有司法机关依据特定程序才能查询已经封存的犯罪记录；五是查询到已经封存的犯罪记录，应该遵守必要的保密原则，记录只能用于特定用途；六是犯罪记录一经确定封存，将由国家统一犯罪记录数据库向各司法机关下达协助封存要求，对于各司法机关掌握的相关案件信息在各自办案数据库中一并进行封存，需要查询封存数据的，只能通过国家统一犯罪记录数据库依据法定程序进行。

第三章　人心

国法与人情

我们常常说法不容情,这里的"情"指的一般是私情,也就是法律要求执法者不徇私情,不能因为私人感情干扰法律的正常执行。

但这并不意味着执法者就要机械冰冷,我们还是要带着感情来办案,要能够感受到案件背后的不得已之处,要能够理解犯罪背后的真实原因。

也就是要有同理心,要能够理解他人的遭遇和情境,懂得换位思考,要有人情味儿。

既要求不徇私情,又要求有人情味儿,这似乎是一对矛盾。

其实并不矛盾,不徇私情的目的是避免司法被不当干涉,因为私利而有碍公正。这个不徇私情,重点在于私,这个私既有赤裸裸的利益交换,也有隐晦的人情、面子。这个人情、面子本质上还是利益,还是潜在的、可预期的利益。比如上级打招呼,要给个面子,因为以后在升迁中可以得到照顾,或者已经照顾过了；其他单位的熟人打招呼，要顾及这个人情，卖个人情，为的是以后人家还你一个人情，帮你办一件通过正规渠道办不成的事。这些看似是人情，其实就是利益。

也有家里人、亲戚打招呼的，他们手中没有权力，不可能对等地办成什么事，但办成之后可以让自己在家人面前有面子，让自己有一种心理上的优越感。这似乎不是可以交换的利益，但本质上仍是私利。

因为这个点不是从案件的公正处理出发的，而是从对自己有没有好处出发的，那必然违背依法的原则。对这种私情，国法是不能容忍的，是违背公平正义的基本要求的。

因此这种人情不能考虑。

但并不是所有的人情都不能考虑。

一个普通案件，没有"找人"，却在案件里发现犯罪嫌疑人有一些可同情可理解之处，事出有因，甚至有社会机制的问题。在这种情况下，基于同理心，设身处地地考虑犯罪的特殊情形，给予一些轻缓化的处理，甚至是不起诉，就没有任何问题。

因为也没有"找人"，那肯定不是徇私情，不存在影响公正的外部性因素。

如此处理的动因是案件的内部性因素，出发点是有利于三个效果的有机统一，那么这种司法行为就完全不应受到指摘。

这就不是有碍于公正，而是有利于公正。因为这个讲人情是出于公心，而不是私心。

因此，人情该不该讲要看出发点是公还是私。

也有人说，依法办案就可以了，为什么一定要考虑人情？

国法规定得很清楚，要人情有什么用？讲了人情是不是就让自己说不清了？谁知道你的感情到底是公情还是私情？

的确，为了避免猜忌，好像就应该什么情都不要讲，法律上构就是构，构不了就拉倒。

一旦讲究了人情，投入了同理心，就会变得非常复杂，如何保持在法律许可的范围内就会变得非常微妙，就会让自己冒着不必要的风险。

既然司法官讲个同理心这么费劲，这样做还值得吗？

我觉得还是值得的。

因为，很多事是法律本身解决不了的。

1. 法律具有模糊性

法律往往比较笼统和抽象，看起来条文都规定清楚了，但其实根本没有讲清楚，必须要结合现实的情境才能准确定性。

这个情境既有客观的情况，也有主观心态上的特殊性。法律讲的就是主客观相统一。主观不容易探查，需要从客观证据无限接近。这种接近的前提就是理解。也就是对当事人有一份了解之同情，这样才能准确把握主观性，避免客观归罪。

因此，为了在具体情境中应用这些抽象的法律，就必须对他人予以理解。

这个理解就是对人情的理解，其实也是对人性的理解。

案件里的个人不是抽象的、一般的，而是具体的个体，他有自己的情感表达。

人情是国法应用的具体情境。

2. 法律具有滞后性

法律一经颁布就会过时。

人是原则性和灵活性相统一的，因为人要活着，活着就要变通，就要与时俱进。将滞后的法律适用到与时俱进的人以及人的活动中，就会产生违和感，就会显得不合时宜。这种不合时宜就有可能产生令人尴尬的不公正。

为了保证公正，就要使法律追随人的脚步而不断现代化。这个现代化首先就是立法的现代化。但是立法无论如何现代化，都无法逃避滞后的宿命。

为了尽量减少滞后性带来的不合时宜，就有必要体会人的时代性，也就是人和社会在时代发展中的语境和情景。

很多时候这种情境是个人化的，是有故事情节的。

如果在具体案件中能够对此有所考虑，从发展的角度来理解和适用国法，那么滞后性就可以得到一定程度的弥补，让法律更能够符合当下的正义观念，也就更容易为人所接受。

3. 法律不强人所难

法律在设计之初并不是为了强人所难，不是为了故意找谁的麻烦。

法律希望兼顾各方的利益。但是立法者毕竟不是万能的，难免有挂一漏万的地方。

而且法律体系现在越来越庞杂，每一个具体的立法者未必能够掌握所有相关的法律，因此就很有可能考虑不周延，导致不同法律之间存在一定的矛盾和冲突。这种矛盾和冲突就会导致司法者无所适从。

遵守这部法律，就可能触犯其他法律；同样的，遵守其他法律，就有可能触犯这一部法律。

此时要求行为人不违背任何法律，就变成了强人所难。

除此之外，不同法律的伦理基础也可能存在一些冲突，也会让行为人左右为难，怎么做都不对。

在这种情况下，司法者就要理解当事人的特殊困境，不能让当事人背规范冲突的锅。

此时的违法就有一定的不得已之处，就不能对行为人的守法过分苛责。

这种法律矛盾空间其实是无解的，此时就不能要求行为人自行解决这种悖论。

对此时的行为应该予以最大限度的宽容。

要求将国法与人情相结合，就是认识到了法律的局限性，理解人情、理解人性就是一种善治。

人情是案件中的特殊性

天理国法人情中的人情是最难理解的,很容易与人情世故、人的交情这样的概念联系起来。

我认为这里的人情其实是人的具体遭遇、案件的具体情境,说白了就是人的特殊处境,就是案件中的特殊性。

所谓的了解之同情指的也一定是对特殊性的了解和把握。

每一个案件都有它的独特性,每一类案件也有它们的共同点。很多司法官愿意积累这些共同点,总结其中的规律,甚至形成自己办理一类案件的审查报告模版,其他类似的案件就可以套用这个模版。

这些司法官有时候也把这当作一种经验向年轻人传授,年轻人也乐得有一个比较简单易行的操作方式从而照此办理,这样可以少动不少脑筋。

从容易上手这一点来说,模版确实有一定价值,工作范式确实也值得总结,但是如果过度依赖、过度迷信模版,就会忽略掉案件之间那些些许的不同。

这个不同就是案件独特的情境,就是不同当事人的不同遭遇。被忽略的这些不同点有时真的具有决定性,甚至可以影响案件的定性、罪与非罪,至少对量刑会产生影响。

忽略掉这些细节,也会将案件过度脸谱化,对是非曲直也不够尊重。

比如经常在起诉书中见到的"琐事"一词,就是对案件起因的概括性描述,有的人可能不在意,管他什么原因,反正都不是什么大不了的事,重要的是行为和结果。

原因有时候确实比较琐碎,想说得准确也不是那么容易,因此索性就不说了。反正原来都写"琐事",我现在也写"琐事"。

有些当事人可能就不计较了,但也有较真的当事人会跟你掰扯,凭什么是"琐事"?

比如有个被告人家里比较困难,却又好面子,有一次聚餐就非要买单。其中一个大哥知道他没钱,就不让他买单,但这个人非是执拗地把单买了,结果这个大哥从服务员手里把钱要过来,然后撕碎了扔给这个被告人。

被告人感到奇耻大辱,就让大哥当场给他道歉,大哥认为自己做得没错就是不道歉。被告人就非常生气,回到家里,骂骂咧咧,还拿出一把刀来磨,说是要把大哥给杀了。被告人的妻子听到了,也没当回事。因为被告人平时就比较老实,妻子就觉得他说的是气话,根本不可能杀人。

后来，被告人打电话让大哥道歉，大哥还是不道歉。被告人生气了就带着刀去大哥的工作单位要求他道歉，但大哥不但不道歉，还推了被告人一把。被告人就恼羞成怒，拿出刀把大哥扎死了。扎的力量之大，导致被告人都被弹坐到地上。

扎人之后，被告人拿着带血的荣誉证书，到处找人报警，别人都不敢报，最后他到一个饭店报的警。被告人之所以带着荣誉证书，目的就是证明自己是一个好人。

被告人当庭对指控的事实都没有异议，就是对"琐事"这个表述有异议。

我也请问诸位读者，这样的事情算不算"琐事"？

我们为什么不能原原本本把事情说清楚？如果把事情说清楚了，被告人还会有意见吗？

最重要的是，案件起因直接决定了被告人是否适用死刑，这是一个重要的量刑情节。

这种事出有因，虽然不能说被告人十分有道理，但与动机卑劣的谋杀还是有很大差别的。

试想一下，如果我们处于那样的情境，钱被撕碎了，当着众人的面给扔回来，我们会作何感受？我们会如何反应？

我们未必有完全相同的遭遇，但人格尊严被严重羞辱确实经常成为恶性案件的直接动因——面子下不来了。

面子是什么？是人的尊严，尊严对每个人都是至关重要的。我们每个人对尊严的定义都不一样，因此每个案件都有自身的特殊性。

我们知道被告人家境困难的特殊性，被告人也有好面子的特殊性。当场指出被告人家庭困难，不应该买单，还不能算作一种羞辱，可以当作一种善意的提醒，如果被害人只是做到这里，也没有什么。但是当场把钱要回来并且撕碎了扔回去，确实是对被告人的一种刺激。

这种刺激，我们的司法官是可以理解的。

被告人在法庭上的提醒，也是希望法庭能够注意到他的尊严和情感被伤害的事实，从而认识到这件事对他而言不是一件小事。

这个提醒是合理的，即使我们并不认为这就是被害人的过错，我们也要认定这种尊严被伤害后导致的愤怒是可以理解的。

如果我们能够理解到这里，就相当于理解了案件的特殊性，就相当于对案件中的具体情境有了理解。

这份理解可以被当事人感受到，这份尊重也可以被感受到。尊重是相互的，当司法官尊重了当事人的特殊情感，就相当于释放了一层善意，就很有可能激发出另一层善意。

因为人类情感是双向的，只有你理解他，他才能理解你。否则，反馈回来的很有可能是对抗和排斥。

这样一来所谓让公平正义被"感受到"的目标也就落空了。

只有对案件的特殊性有了具体的了解并展现出这种理解，才能洞察犯罪的真实原因，才能更深层次地理解人性，才能让正义更加恰如其分，才有可能实现心服口服。

犯罪的不确定性

有些时候，并不是只有犯罪这一条路可走，人总是有选择的。

就像《隐蔽的角落》中的张东升，他的岳父母非杀不可吗？

他杀了岳父母，又能解决什么问题？对他又有什么好处？有证据证明是他岳父母挑唆他们夫妻离婚的吗？

其实都没有。

犯罪有时候就像话赶话，就赶到那个份儿上了，就觉得当时一定要把这个气出了。

然后所有的思维都关闭了，就只研究怎么杀人，怎么犯罪这一件事。

张东升后来对孩子们说过一句话：如果他可以许一个愿，那就是希望一切能够重新来过。

我想这个愿望是从他杀死岳父母之后就有了。

因为自从那件事，他就像活在黑暗里的动物，从此见不得光了。

自从犯了罪,他的腰就直不起来了,只能通过继续犯罪来掩盖之前的罪行,以至越抹越黑。

我想说的是,有没有可能控制得住那一念之间的杀机和恨意,让理性重新回归到主导地位?

我们可以回想一下,自己有没有情绪失控的时候?虽然算不得犯罪,但可能发怒,发了很大的脾气,到头来解决不了问题,甚至还把问题搞得更复杂了,事后十分后悔。

那么我们当时能控制得住自己吗?

我相信有个别人可以控制得住,但大多数人都有控制不住的时候,都有失去理智的时候,即使事后会十分后悔。

还有一小部分人的失控达到一定程度,就到了犯罪的级别。

因此,我想说的是,犯罪具有很大的不确定性,也具有相当的不可控性。人在失去理智的一刹那根本顾不上考虑后果,当时的情景下,惩罚措施作为一般的犯罪预防手段是失灵的。

这也是为什么犯罪很难避免的原因之一。

我们都知道犯罪不对,犯罪不好,犯罪会连累家人,但是为什么每年还是有上百万人犯罪?是他们的智力有问题么?显然,并不是。

那是他们的性格有问题吗?其实也很难分辨,至少没有明显的证据支持。

其实大多数犯罪人都是普通人。

导致他们走上犯罪道路的,可能就是一些突发的、偶然的事件。

比如，一些超越底线的羞辱和挑衅，别人惹到我了，激怒我了，但又没有达到正当防卫的条件，如果我大打出手，达到故意伤害犯罪的程度，就要承担刑事责任。虽然被害人的过错可以减轻一些刑责，但无法免除罪责。

事实上，一般人也不十分了解正当防卫的准确含义，很难把握清楚，尤其是冲昏头脑的情况下，更顾不上许多。

事发有因的愤怒，急躁的情绪，更容易引发偶犯。

此时想要最大限度地避免冲突，要么是有足够的智慧，要么是有极高的修养。

这里有一个底层的心理安全机制，那就是宁愿受辱也不愿将自己置于法律的风险之中，这个意识必须长期灌注在内心之中，在关键时刻才可能发挥作用。

宁愿面子上过不去，也不能冲动，一旦萌发冲动，就会联想到对自己不利的法律后果，这也是特别把自己当回事。这种意识必须长期保持才会发挥条件反射的作用，这也是一种内在的犯罪风险防控机制。

就比如张东升，在岳父母说出一些很伤他自尊的话的时候，可能有一丝杀机闪现，但同时必须迅速有一个反应，那就是不行，我不能因为这事毁了自己的一生，我是非常有前途的人，我要把自己看得很重。

所以，从另一个角度看，犯罪的时候，往往是把自己看轻了。

犯罪必然是要冒风险的，和自身相比，这个风险值得冒吗？

从这个意义上来说，张东升也是把自己看轻了。

他没有想自己还是非常有才华的，自己在数学方面很有天赋，在教学上很有技巧。即使在这个城市待不下去了，换个城市也还是可以好好的。即使与现任妻子过不下去了，也还是可以找到自己的幸福归宿的。

张东升实施犯罪的一刹那，就说明他对自己已经失去了信心：他没有信心找到更好的工作、更好的妻子，没有信心过上更好的生活。

他就想守住现在，不管不顾地守住现在，即使可能将自己放入巨大的风险之中。

这样来看，他是不自信了，才走上了犯罪的不归路。凡是有自信过上好日子，就没有必要实施犯罪。

因为犯罪所获得的收益，与劳动的收益相比要少得多。

尤其是犯罪所获得的收益不好积累，也不敢光明正大地使用，而劳动的收益是可以积累的，可以获得某种指数级的提升，更加可以堂堂正正地使用。

张东升的犯罪预示了他对生活失去了信心，他对自己失去了信心。

所以克服犯罪的冲动，避免失去理智的行为，首先要对自己建立信心，不能让自己的人生功亏一篑。

因此，情绪控制只是表面的，关键是让自己的人生值得。

暴力也是一种路径依赖

《隐秘的角落》中,张东升一共杀了五个人。

他不过就是一名数学老师,外表文质彬彬,也没有什么变态的目的。

那他这一路是怎么走来的,他为什么会这样?

张东升算是婚姻的失败者,事业也不算有成。他是为了爱情来到女方的家乡,但是现在妻子要分手,婚姻已经难以挽救,虽然他对岳父母极其尊重,对女方亲友也表示友好,但并未得到对方充分的尊重。

女方已经不愿意其继续参与家庭活动,比如表姐孩子满月,也没有通知他,他却不请自来。

宴席间,老一辈问到他的工作。他在少年宫代课教数学,也不是正式编制,即使这个不是很满意的工作也是岳父母安排的,老一辈的人就用粤语讲,"男人要有野心",并祝他姐夫升职加薪。这话都是说给他听的。

这个时候寄人篱下的味道就比较浓了，而张东升也是一再地隐忍。

其实无论是其妻子，还是其岳父岳母，已经不十分顾及他的颜面了。他在家里的地位也可能是逐渐形成的。

与之相比，妻子现在已经是一名医生，社会地位已经和他拉开了一定距离。

既然张东升和妻子是同学，可见还是有着相似的起点的，只是背井离乡，没有同等的资源两人就越发有差别了。

这种差别可能是社会性的、家庭性的原因造成的，但也必然有其不够自立自强的一面。

张东升是典型的寄人篱下状态，但是他为什么就是不愿意改变这种状态，非要这么耗着自己的人生？片子并没有交代清楚。

可能是因为爱情，也可能是因为惯性，也可能是前期巨大的投入：已经背井离乡了这么多年，回到故乡也是被人笑话……不管什么样的原因，我相信社会中总是有这样的人，有这样无法摆脱的困境。

张东升的妻子没有时间陪父母爬山，张东升索性陪着岳父岳母爬山，他是想最后再挽回一下婚姻。

但是并没有成功。他的岳父说，你们在一起不幸福；他的岳母说，你可以提条件，意思就是对他进行财产性补偿。这话说得很冷，很功利，从这也可以看出他妻子一家人可能都是比较现实的。这些语言在张东升心里有了一个投影。他建议再往上边走走,其中一个镜头闪现了一晃而过的杀机。这是他第一次谋划犯罪,应该说是一种临时起意。

因为张东升是数学老师,即使是临时起意,实施步骤也是非常缜密的。

他在一座山峰上假意给岳父母拍合影,让他们坐在石头边上,并调整了岳父母脚部的动作和位置,避免与石头发生勾连。在假装调整相机的过程中,他突然将岳父母推下山崖,并迅速大喊:"爸!妈!"感觉完全是岳父母失足之后他的呼救。

如果不是朱朝阳他们用相机录下了全过程,就算别人看着了,也未必能够判断两位老人是被推下去的还是自己摔下去的。

面对警方和妻子,张东升的演技也非常高明,做得天衣无缝。

这起杀人案在张东升被警告信威胁之前,几乎是非常成功的。

我们知道,杀死岳父母对挽救其婚姻并无实质帮助。虽然在岳父母去世后的一小段时间内,妻子似乎对张东升有了某种依赖,不再提离婚事宜。但正如妻子与情人的对话中所说,那只是因为张东升在葬礼上忙前忙后,她有点不好意思马上提离婚而已。

所以第一次杀人只是稍稍延缓了婚姻的崩溃进程,对挽回婚姻并无实质的帮助。

这也表明暴力并不能从根本上解决问题。

但是暴力实施者并不这么看。

其实张东升自己也知道他是唤不回妻子的心的。那怎么办呢？

他完全可以接受离婚，另找幸福啊，毕竟强扭的瓜已经不甜了。

但是在张东升的世界里，他已经不再接受这样的逻辑了。

他自认为在杀死岳父母这个问题上自己基本是成功的，他已经对实施暴力建立了某种信心。而且他逻辑严密，对妻子的习惯非常了解，只是非常缜密地给妻子换了一粒药，就神不知鬼不觉地致妻子于死命，这一点要比杀害岳父母那次还隐蔽。

这也代表了其杀人行为的不断成熟。

但我要问的是，这又能解决什么问题呢？

婚姻没有了，其妻子的背叛也得到了报复，张东升也可以相对独立地控制财产。这样一来，就比较容易支付朱朝阳等人索要的封口费。

但他心里并不踏实，他不觉得花钱能够消灾，而且他还借了高利贷，还是需要及时归还的。

他借高利贷的时候就想好了，最好是将这三个小孩灭口，因此他的借款期限只要三天。也就是他打算在三天之内灭口，这样高利贷的借款成本可以降到最低。

他根据实际情况采取纵火的方式灭口。

他准备用汽油烧严良和普普的那条船,同时绑架朱朝阳。

但是人算不如天算,半道上杀出了一个王立也要挟持朱朝阳,结果又与严良打在一起,这使得原定计划落空。

后来张东升带着普普去救朱朝阳,其目的主要是拿回高利贷借来的30万,因为如果不能及时归还后果会非常严重。

但是不得不说,张东升杀王立应该是正当防卫,他起初表现得很懦弱,他还是怕恶人,但逼到一定份上他也会反抗。

其实张东升早期的杀人行为也代表了一种无力的反抗。但是暴力用多了,就会成为一种习惯。他以为暴力最好使,最干脆,最能解决问题。

但他不知道的是,暴力之后只能用更多的暴力来掩盖。

为了销毁王立的尸体,保证自己之前的暴力行为不被人发现,他先后杀死了朱朝阳的父亲和王瑶。

为了让这些暴力不被发现,为了让朱朝阳和严良彻底闭嘴,最后他就纵火烧毁冷库,这还是在继续使用暴力。

一次暴力结束了,如果没有被抓到应该感到幸运,应该金盆洗手。但是包括张东升在内的很多人,都选择了继续使用暴力,用暴力来掩饰暴力。

这是一件没有尽头的事。

这主要是因为,第一次实施暴力犯罪是最难的,因为之前都是合法之身,没有任何问题,也不想成为罪犯被警方一直追捕。

但是一旦实施了犯罪，尤其是杀人犯罪，那么整个人就全变了。

因为，从此以后犯罪成本就可以递减了：杀一个人就有可能判处死刑，那么再杀第二个人、第三个人、第四个人就没有什么额外的付出了——大不了还是判死刑。

相反，犯罪收益一定会增加。

同时，因为第一次没有被抓到，自信心就会提升，就会觉得自己的智商很高，就可以蒙混过关——即使又干了，也不一定被抓住。

而且犯罪也是熟练工种，越干越熟练，手法越来越高明，心理承受能力越来越强。

但是，风险是会累积的，每增加一次犯罪，被抓获的概率就会提高一些。

暴力也是一种路径依赖。将暴力当作解决一切问题的手段，能动手的就尽量不动嘴了，甚至有些人会将暴力当作谋生的手段。

复盘张东升的人生，我们得到的启发是暴力根本解决不了问题，只会将问题越搞越乱。最好的方法是从一开始就不要陷入进去。

婚姻不能维持了，就不要硬维持了；在一个城市实在待不下去了，就离开。这样虽然艰难，但都要比暴力稳妥得多，也长久得多。

拿钱最少的去杀人

《回响》讲了一个层层转包的杀人案。

酒店老板徐山川为了摆脱情人夏冰清的纠缠,开始计划层层委托杀人。

首先是借款 200 万给其侄子徐海涛,让徐海涛帮助劝服夏冰清不要纠缠自己。

随后,徐海涛找到夏冰清经常倾诉衷肠的吴文超,他给吴文超 50 万让其策划夏冰清不要纠缠徐山川。

吴文超开了一家广告策划公司。经过谈判,徐海涛给吴文超 25 万作为首付款。

吴文超策划不出来,但因为公司效益不好,他又非常想赚这个钱,于是就找到办理移民业务的同学刘青,考虑是不是可以通过移民的方式让夏冰清消失。实在不行,就让夏冰清爱上刘青,因为刘青毕竟有将班花追到手的经历。

吴文超给刘青 10 万,当时刘青过得很不好,10 万对他很重要。

刘青成功地激发了夏冰清关于移民的兴趣。但是移民需要投资,为此夏冰清让徐山川提供上千万元的投资款,结果进一步惹怒了徐山川和徐海涛,从而对吴文超表达了强烈的不满。

刘青为了感激吴文超的信任,在自己选择隐退之前,花了1万块钱找到从事高空作业的易春阳,提出的要求也是让夏冰清消失。但是没有明说"把人弄死"。

但易春阳理解为就是"把人弄死",从而尾随并杀害了夏冰清。

警方通过重重努力找了一层又一层的人,没有一个人承认"让人消失"就是杀人。

徐山川更推说是徐海涛主动找的他,200万只是借给徐海涛买房子的钱。

只有易春阳承认杀人了,但经鉴定,易春阳患有妄想型的间歇性精神病,他属于限制责任能力人。

最终能够给徐山川和徐海涛定罪的,还是徐山川妻子对徐山川的监听录音。在录音里,徐山川授意徐海涛买凶杀人,并且订立攻守同盟,以后不再提这段内容,还就200万元为借款的事项也达成一致。

当然,这是小说,对中间这一系列并无杀人故意的层层转委托如何评价,它们是否影响杀人犯意的联络,也是很重要的问题。但这不是本文要讨论的问题。

本文要讨论的问题是，为什么是拿钱最少的人去杀人？

拿 200 万的没杀人，拿 50 万的没杀人，拿 10 万的没杀人，最后拿 1 万的却去杀了人？这样合理吗？

小说里的层级比较多，我自己办过一个杀人案，只有三层。

委托人花 500 万找了一个社会大哥，社会大哥拿 50 万找了自己的一个小兄弟，这个小兄弟花 20 万找了一个狱友把事办了。

这个案子中，他们都到了现场，但真正动刀的只是那个收 20 万的，而不是拿钱多的。

拿钱多的只是看着，确保过程完成，搬尸体的时候搭把手。现实中也还真是，最脏最累的活让拿钱最少的人干了。

拿钱最多的人是离犯罪现场最远的人，拿钱最少的人离犯罪现场最近。

事实上，毒品犯罪、电信诈骗犯罪也大抵如此。也就是组织者、策划者隐于幕后，直接实施者冲到台前。

冲到台前的最容易被抓到，因为有直接的实行行为很难抵赖，因此也最容易被定罪，还很容易被判重刑。

而幕后黑手藏得很深，层层转委托，层层关系切割，最后很难找到他。他对直接实施的犯罪细节真的不关心、不了解，甚至都不知道，但是在收益上肯定是要拿大头。

这样一来，查证上非常困难，定拿钱少的、直接实施犯罪的、在现场留下痕迹物证的，肯定是容易的。

由于证据原因，很多上层的组织者，甚至都查不到，即使查到了也指证不了。

只办小兵，把大头放了，这是很不公平的。但受制于严格的证据规则，受制于上层头目的反侦查能力，受限于取证能力，很多时候也没有办法。

为什么会这样？

难道拿了1万或者20万而直接杀人的人，不知道自己的行为容易败露，容易被抓到，抓到以后很有可能被枪毙吗？

他们知道。但是拿这么点钱，值得吗？

为什么拿了数百万、几十万的人都不动手，他们就拿了一点钱，却要动手？

又或者，直接接受委托，拿了数百万的人，为什么不直接干事，而是把这个危险的事情推给别人？

因为拿钱越多的人，越是不实在，或者说他们更精明，更懂得算计。他们有渠道，有人脉，经过场合，见过世面，更加了解其中的利害关系，他们对自身的估价更高。

他们对财富的承受能力更强，虽然拿了几百万，但并不是那么的动心，他们仍然会规避掉尽量多的风险。

他们想要的是，拿到更多的钱，承担更小的风险，这似乎有某种普遍性的规律。

相反的，拿钱越少的，却要承担更高的风险，凭什么？

因为他们没得选择，他们没有其他获得更多财富的渠道。

如果他们真的有其他合法渠道获得更多的钱，或者相当数额的钱，他们当然也不会铤而走险。他们也不傻。

但是他们没有这样的机会和渠道。

他们之间的差别就在于机会和渠道：一方面是有的选；一方面是没的选。

有的选而犯罪和没的选而犯罪相比，前者更加可恨，但是在法律上很少有这样评价的依据。

也就是犯意提起者和直接实施者的行为的危害性，总体来说差异不大。

差异大的是犯意提起者、组织者和策划者很难被抓到，成功定罪就更难。

拿钱少的人为什么要陷入这种不公平的窘境？

因为，机会和渠道不仅限制了他们的选择，也限制了他们思考的范围，他们想得也不多。

他们想的比较简单，一根筋，在生活的困难面前，他们会漠视他人的生命。他们不仅对自己的估价低了，而且对别人的估价也低。

他们不会计较别人比自己多拿很多钱，更有可能的是他们就不知道这个最初始委托的真实价码。他们接触不到这个层面的事，他们也不了解其中的行情。

也就是仅靠暴力谋生的人，他们的可替代性比较强，"完成任务"的难度系数低。

真正难的是获得委托人的信任,能够协调各种关系,调动各种资源,获得各种渠道的信息,策划实施方案,以及之后的洗白自己、洗钱、串通、找人包庇以及策划逃跑方案的能力。这相当于导演整场犯罪。

而直接实施杀人的人,只是一个执行者,相当于一个演员,这个演员还未必是主演。

组织、策划者的能力主要是驾驭复杂事务的能力,相当于控制整场犯罪。那个杀人的行为,虽然是关键,那仍然是相对简单的。

拿很少的钱就杀人的人,有一个共同的特点:想得比较简单。

如果稍微多想一点,要么就不会只满足这么点的钱,要么会害怕犯罪后果的严重程度,最后也就不干了。

不思考的人,别人说啥是啥的人,很容易在不知不觉之间犯大错误,他们容易成为工具,容易被别人当枪使。

但我不得不提示的是,不管如何走投无路,都不应实施犯罪,更不能杀人,犯罪是一条不归路。生命是高于一切的,没有任何理由可以任意剥夺别人的生命。虽然人生有很多不得已,但总归也是有选择的,在大是大非面前还是要作出正确的选择。

这一点在司法领域、在经济领域都是一样的。

你现在再厉害，也只是个逃犯

电影《第八个嫌疑人》是一个关于逃亡的故事。

男主角陈信文年纪轻轻就做了公司的老板，并承揽到归龙大桥的建设工程，只是由于不能按时完工，他又从银行借了新的贷款。

陈信文对外解释，归龙大桥所在归龙大道存在地质问题，因此不能如期完工。

这个说法让公路局局长很生气，他对陈信文语言威胁，让其不要败坏公路局的名声，还说只要不能完工就是陈信文的责任。

可能增加的工程量和工期会导致较大的资金缺口，这个缺口又无法通过原有的合同得到弥补。

他面临两个选择：一是认栽，桥建不完了，就这么交工算了，公司干不下去就倒闭；二是自己想办法把窟窿填上，把桥修完，就像什么事情都没有发生一样。

显然，放弃施工，不仅将承受财产损失，也必然暴露归龙大道可能存在的地质问题，那么以后什么工程都干不了。

在这种情况下，陈信文策划了一起抢劫银行的活动，除了其表弟之外，又纠集了六个人，其中包括储蓄所的内部职员。

抢劫银行的过程中，他们杀了两名运钞人员，在逃亡的过程中又杀害了一名警员。

陈信文及其堂弟虽然没有直接实施这些行为，但一直在幕后策划。在提前得知警方抓捕信息之后，陈信文与其表弟走上了逃亡之路。

他们逃亡到缅甸翡翠矿场挖矿。一次偶然的机会，陈信文又杀害了工头莫志强，之后他便冒充莫志强潜回国内，在云南瑞龙落脚，从此以莫志强的身份生活，娶妻生子。

一晃，陈信文已经逃亡了21年。

后来退休警员通过新闻发现了莫志强，莫志强及其堂弟最终落网。

陈信文结婚之后曾经与父亲通电话，父亲对他说："你如果堂堂正正做生意，谁都比不过你。但你现在再厉害，也只是个逃犯。"

以莫志强身份生活的陈信文其实一直生活在阴影之中，不知道什么时候就会被发现。

就像陈信文堂弟说的，他们虽然逃离了监狱，但好像一直生活在监狱之中。

不敢交朋友，不能回老家，不敢回忆过去，不敢与自己的妻子谈及过去。

可以说陈信文过得小心翼翼，规规矩矩，但他依然不敢挺直胸膛活下去，因为他现在再厉害，也只是一个逃犯，这一点就是他的魔咒。

我办过很多罪犯潜逃多年的案件，有的是被抓捕回来的，有的是主动投案的。

因为他们有了感情羁绊，他们不想让自己心爱的人、在意的人，看到他们被抓捕的情景。这些逃亡过程的心酸，都是他们在犯案之初所没有想到的。

当初的陈信文钻了牛角尖，他认为干完这一票，就可以让大桥如期完工，公司继续经营，也无须将归龙大道地质有问题的事情抖出来，从而保全各方面的面子和利益，各方面都可以把自己当作一个能人来看待。

他在员工面前强充面子，大摆宴席，为的就是一个面子。

他希望一切都可以完美，为了这个完美他不惜实施犯罪。

但是他忽视了一个最重要的问题：一旦犯罪就会使得事情更加无法完美，这将成为一条不归路。

为了掩盖犯罪，只能实施新的犯罪。

他原来只是策划犯罪，并不亲自上手。但为了在缅甸获得新的身份，他不惜亲手实施犯罪，而且还要将对方砸得面目全非。

他在瑞龙被退休警员盯上了，他跟堂弟说有三条路：第一条路，他们集体逃跑；第二条路，他把那个退休警察杀了；第三条路，他没有说，但是他的堂弟心领神会。

他堂弟说，因为是自己邀请陈信文共同抢劫过出租车司机，所以才启发了陈信文的犯罪思维，因此他没有埋怨过陈信文。他递给陈信文一条毛巾，也就是让陈信文闷死自己。

陈信文还真的这样做了，只是最后在情感和堂弟的生理本能反应下没有完成。

所以，在逃亡21年后，为了摆脱困境，陈信文对至亲竟然也要痛下杀手。

可见，犯罪是一种路径依赖。

曾经共同抢劫过出租车，到了急用钱的时候就会想到抢银行，通过杀人的方式获得了别人的身份……其实作为工头的莫志强对陈信文是不错的。现在为了逃跑并毁灭罪证，陈信文又要将自己的堂弟灭口。

犯罪和逃亡的套路就是一错再错的过程。

那么，犯罪是不是一个不得已的选择？

犯罪绝对是一个最差选择。

回到建设归龙大桥的时候，陈信文完全可以放弃工程，承认建设失败，虽然这个失败确实也有地质方面的问题。

但是承认这个失败，包括放弃公司，他可能承受的损失要小得多，因为公司采用的是有限责任制度，并不需要股东承担无限的连带责任。

当然，进一步的损失可能是在当地不容易承揽到工程，失去了部分所谓的"人脉"。

但他完全可以在其他地方重新开始。

如果能吃在缅甸翡翠矿山挖矿的苦，在其他地方他也完全可以从零开始。

当然了，在犯罪之初，他并没有设想逃亡之苦，想的更多的是事成之乐。

但是就像陈信文父亲说的，"你一旦犯了罪，你就是逃犯了，你再厉害也只是个逃犯。"

这句话的意思是，只要犯了罪，先不要说公安机关能不能抓到你，你自己就已经背负了良心上的谴责，一辈子过不安生。

确实是纸里包不住火，一旦犯罪，国家机关会调动整个系统进行抓捕，这并不是退休警员一个人的事，而是整个体制的合力。

这就是天网恢恢，疏而不漏。

国家越是发展进步，对犯罪的追诉能力就越强，犯下的罪行就越是无法逃掉。

因此，人不能怀有侥幸心理，应该直面生活中的种种问题，有时候虽然暂时困难一点，也要好过犯罪之后的逃亡之苦。

因为逃亡之后将永无宁日，犯罪是万劫不复的深渊。

《大梦》和怎么办

我很喜欢瓦依那的《大梦》。

我们也常常自问:怎么办?

《大梦》所呈现出来的从童年到老年的环境似乎都是极为孤独的:无处问询、无处救助、无处倾诉。

无处倾诉的原因是外界不愿意容错。

每个人都犯过错误,都渴望别人的理解,但自己为人父母的时候却又不愿意理解孩子,无法容忍孩子的错误。

所以孩子犯错的时候,才会不知道怎么办。

孩子之所以摔倒了不知道怎么办,是因为他惧怕告诉父母,又没有能力掩盖自己的错误。他无法自己清理干净。

一旦他学会自己清理干净,或者自己修正错误,父母就更加难以发现孩子的错误。

我们想想是不是这个道理?

我上小学的时候,被其他同学打了,我战战兢兢地和家里说了，结果被父亲揍了一顿。从此我得到一个教训，那就是，在外边打架永远不要跟家里说，因为说了除了挨揍以外，并不会得到任何有价值的帮助。

不管你用什么方法解决，总之就是无须告知家里了。如果有什么伤痕被发现，只要说自己摔伤的就行了，因为说什么都没有用。

所以，从一开始我还会问怎么办？逐渐的就连怎么办都不问了，自己看着办就行了。

怎么办？自己看着办吧。

有一次我出差的时候，我爱人告诉我，孩子上卫生间半个小时还没出来，她进去一看，原来孩子带了剪子进去了，洗面池还有头发楂子，她这才发现孩子的头上秃了一块儿，原来是他自己剪的。

这相当于被她当场发现了，但是怎么质问，孩子就是不承认。孩子就是不承认自己把自己的头发剪了。

还自己照着镜子说，这也没剪啊，这不好好的吗？

爱人向我抱怨孩子对她公然撒谎，抓到现行也不承认，这以后可怎么办啊？

她也在问怎么办。

我说等我回去慢慢问一下，你也别太着急了。

我回去一看，孩子头上果然秃了一块儿。我问，这是怎么整的？怎么自己把头发剪了？为什么不跟你妈说呢？我笑着跟他说：像个傻子似的。

我儿子也笑着说："我头发上不知道为什么粘了个东西，弄不下来，我怕我妈骂我，所以就没敢跟她说。"

我说："不要怕你妈骂你，她再骂你也是你亲妈，有事一定要跟你妈说啊。"

其实孩子在不知道怎么办的时候，往往并不是真的不知道怎么办，衣服弄脏了回去让妈妈洗不就行了吗。他不知道怎么办是因为妈妈会劈头盖脸骂他一顿，或者被爸爸打一顿。

他们不想被骂被打，想要自力救济，但有时候不知道该如何自力救济，他们就会问自己："该怎么办？"

此时的"该怎么办"的本质含义就是，如果我想自力救济，我该怎么办？

如果他们懂得了自力救济的方法，就不会再问"该怎么办"了。

但是所谓自力救济的方法也在不断升级，因为我们碰到的难题也在升级，而这个难题的升级往往会超出我们当时的能力极限，我们往往无法自己解决问题。

此时，我们就需要向外救助，但很多时候是求告无门的，因为获得救助渠道也是一种能力。

确实，宽容的家庭会让孩子少一些烦恼，不用想那么多"该怎么办"。

良好的社会运行机制会让困难获得更多的破解路径，让每个人都可以少问一些"该怎么办"。

健康、乐观的人格也可以让人得道多助，广结善缘，自然烦恼也会少一些。

但是对我们大多数人来说，还是有着很明显的能力边界的，我们的家庭不会那么开明：该骂骂、该打打。

该怎么办是很多人都会问的话，而且在大多数的时候无人应答，也没有答案。或者说没有更好的答案，我们也不知道什么是正确的或者最佳的答案。

我们的人生就该一直看着办。

别人打我怎么办，欺负我怎么办？

一个小混混把我堵在路上了该怎么办？我被劫道的挟持到僻静小区该怎么办？我被人打掉了手指甲该怎么办？我被疯狗追了该怎么办？我掉到粪坑里该怎么办？我在班级维持秩序，下课之后被人威胁报复怎么办？受到公然挑战又该怎么办？我语文不及格怎么办？数学课听不懂怎么办？早恋怎么办？体育不好怎么办？高考失利又该怎么办？

我很小的时候，就懂得一个道理：不问别人该怎么办，只问自己该怎么办。

不要问别人该怎么办，甚至不要试图问别人该怎么办。

我只是反复地想自己该怎么办，然后自己看着办，即使选择错了也没什么，因为本来我也无法得到更好的答案。什么是更好的答案呢，谁会认真地解答你的问题呢？

我们要学会自己解决问题，虽然有一点残酷，但这确是独立的开始。

一个成年人，不要问别人该怎么办。

所以，有时候我觉得孩子自己剪头发未必是坏事，至少他在尝试自己寻找答案。

我们的不宽容却培养了孩子自立的性格，那么这个不宽容有道理吗？值得被原谅吗？

过度保护确实是不对的，过度冷漠也同样不对。

在恰当的时机将孩子推向自立也许更好一些吧。

现在我仍然珍惜被孩子提问的机会，因为我觉得这样的机会也不会太多了。

如果孩子不再问：爸爸我该怎么办？那个时候我又该怎么办？

我没问题，因为我从小就不纠结。

第四章 坚守

司法的坚守

人人都渴望公正,但实现公正并不是一件容易的事。

这里还要看你如何理解公正。没有私心是不是就算公正?没有私心肯定是公正的前提,但它并不必然带来公正。

因循守旧也是没有私心,没人找他,他也没有什么私利,但他却没有带来公正。因为他沿袭的旧例,可能已经过时了,或者旧例原来就有问题,只是一直没有更正过来。他不是故意犯这样的错误,他只是不辨是非。

很少有人故意犯这样的错误,更多地可能是过失。

是疏忽大意,是没有多想:原来能捕能诉,我也跟着捕诉了事。

至于这里到底有没有问题,可能真是没有看出来。或者自以为是,自己一直是这样干,当然就没问题了,敢拍胸脯。

因此,想要实现公正还真不能依靠稀里糊涂的人。

这个人必须明白,对于案件的本质要有清晰的认知,要能看透案件，知道这个案子到底是怎么回事。同时还要有朴素的正义感，要敢于与众不同，要有判断力并敢于坚持。他能知道什么是对的，其实就已经很不容易了，还能坚持下来就更不容易。

为什么不容易？

因为吃螃蟹可能是有罪的。难道就你明白，我们都不明白？难道就你对，我们都不对？

在众人皆醉你独醒的时候，你的处境未必会好，而且他们未必会承认你的清醒。

在迷醉者眼里，清醒只是自以为是，就比如《第二十条》中的吕玲玲。

这是坚守的难度，你知道你自己是对的，但你要承受得住不被理解、不被认可和排斥。

吕玲玲的问题可能是清醒得太早。她如果在后面醒来可能就没有那么大的压力了。

但是如果没有一个先醒来的人去叫醒别人，就不会有那么多人的那么快地醒来。

所谓天不生仲尼，则万古如长夜。

人类文明的进化过程就要求总要有人先醒来。

在狩猎者看来，先发明刀耕火种的农民简直就是纵火犯。

总是有人先发现一个道理，这个道理才能推广开来。但发现这个道理的人往往因为与众不同而成为异类。

创新者，总是与众不同，总要经历从不被接受到逐渐被接受的过程，然后他们的理念才可能成为潮流。

这是一个漫长而孤独的过程，是否值得坚持？期间的困难和挫折，是否能够承受？这是一种人生的试炼。

司法者想要坚持公正就要承受真金火炼。公正从来不容易，因为不法者不会束手就擒。他们会反抗，他们有势力，他们能够搅局，他们能够动员一切力量向你施加压力。

这些压力看起来合法，但实则另有隐情。隐情就是很难发现，很难看清；但是压力是摆在面上的。

这些压力会给司法者带来干扰，从而迫使你选择息事宁人。所谓谁能闹谁有理，就是抓住了你闹不起，你怕闹。

所以能够承受不当的干扰，得需要多大的定力！

司法坚守还要对抗内在的惯性。如果你今天对了，那么我们之前就全错了。所以今天你就对不了，这不是事情本身对错的问题，而是因为我们承受不了自己的错误。

不想因为你的正确就让我们这么多人都付出代价。这就变成某种利益问题。所谓惯例，惯性，也是一种既得利益。改了先例就相当于掀翻了一桌子的惯例，这么多的既往案例要涉及多少前辈自身的利益？凭什么就让你给否定了？

而且道理是脆弱的，没有刚性、显而易见的错误，都是需要论证、说明和采信的。

既然大家都能说出一定的道理，凭什么让别人支持你的观点？

当然，出发点不一样，价值观也不一样。

就看你站到哪一边。你要是站到法治发展这一边，公众朴素正义感这一边，那么道理也不复杂。如果你站到维护自身利益这一边，那么你就不可能冲破这个逻辑陷阱。

妥协很容易，坚守太难。妥协就不用跟别人再较劲了，往往不得罪人。但是坚守往往就要得罪人。而不得罪人也就算不上坚守了。

坚守者就像守护火种的人，他们要不断对抗黑暗。

熄灭火种很容易。火种熄灭了就不用再燃烧了，也不用再找人看护了，但这样也就不能再点燃任何东西。

火种虽然微弱，但它却有点燃一切的力量。

没有火，文明就无法得到进化。

所以，司法的坚守者虽然不易，但是他们保留了司法的火种。

那是良知的火种，它让法治精神不灭。

我们要的正义都实现了吗?

绝大部分都实现了。

但是,并不是所有正义都会实现,但是有些正义我们可能确实等得太久了。

有的是要一纸判决,有的是要推翻原判;有的是要不起诉的决定,有的希望判处极刑;有的是渴望真相,有的希望大家遗忘;有的是要个文儿,有的是要个说法;有的是为了自己,有的是为了家人,有的只是为了陌生人。

他们有些有巨大的能量,能够唤起社会的广泛关注,能够引发司法的连锁反应;但更多的只是竭力呼喊,却不能激起太多的声浪;有些豁出了职业和声誉,也未必能够得到怜悯与同情。

正义并不容易实现,因为有各种非正义的力量在这里对冲。

但正义并不完全是空中楼阁、水中之月,正义是有形而具体的,是有可以实现的路径的。

正义之难,难在路有险阻。

为了实现正义，有时需要过火焰山、盘丝洞、流沙河。

因为这些曲折和磨难，我们有时候会在正义之路迷失。有时候我们会自问：值得吗？为了别人的利益，可能牺牲我们的利益，值得吗？

我们为什么不能假装糊涂？

如果集体都在奉行机械执法，我们的同理心会不会被当作书生办案、妇人之仁？我们的职业前途可能堪忧。

如果更多人的主张重刑主义，我们认为的宽严相济会不会被当作向犯罪之恶妥协退让，立场不够坚定？

当你主张客观公正的时候，有些批评的声音会说，这些人明明是公诉人，说话却像律师。

他们的潜台词是公诉人只能说构罪，不能说不构罪，不构罪的话是律师说的，公诉人就要变着法地说构罪。

当众人皆醉，我独醒也成了一种罪。那么装睡是不是一种最好的选择？在正义面前难得糊涂，是不是最好的选择？

在这种情况下，正义之难，在于主持正义者是有风险的，放弃正义原则的人反而没有风险。

放弃正义的原则，怎么定都行，随大流听招呼，有时可能是最安全的。不固执、不坚持、不冲撞，怎么着都行，你想让我怎么论，我就给你怎么论。轻重皆可，悉听尊便。

但是正义是相对论吗？正义还有准谱吗？

我想没有一个当事人会同意这种看法。

他们对正义都有非常明确的期待，公众对是非黑白也有强烈的期待，正义不应该是模糊的状态。

正义的取舍来自真相，也来自价值观。

事实上，我们对司法的管理也处处体现了这种隐于幕后的价值观。

比如复查什么，不复查什么，就代表了我期望你干什么，不期望你干什么。

规定怎么做可以得分，怎么做会被扣分，司法官当然就知道怎么做了，只是这个得分与否，真的就意味着正义与否吗？

我们希望实现正义，首先就要让愿意实现正义的人免于恐惧。

我们奉行司法责任制，但是司法官却越来越没有决定权，决定权离亲历性越来越远，就像开处方的人离病人越来越远，这真的能看好病吗？

正义之路不好走，很多时候是因为我们没有向前走，而是在往后走。

往后走的时候，不管好走还是不好走，都会离目标越来越远。

向前走即使艰难，也是值得的。

问题是，有时候我们也不知道自己走的方向，也没有什么标识可以让我们辨别方向。

我们缺少一个正义的指南针，也就是缺少一个辨别方向的机制。

　　这个辨别机制应该来自外部，应该对我们足够了解，并能够对我们提出批评。

　　司法的问题有时候在于缺少外部的评判。这就像挂地图，我们自己离它很近，把着它也不好判断它正不正，非要第二个人离得远一点帮我们指点校正才行。

　　我们缺少这样的校正机制，我们很少接纳讨论，公开的信息也不够。

　　这里说的不是个案，而是一种宏观的发展趋势，这个趋势离正义的远近，不是我们自己能看清楚的，我们必须接纳远距离的外部视角。

　　我们的问题是对于这些外部视角过于排除，听的声音不够多，校正方向的机会就不够多，有时候就会发生近距离迷失，也就是不识庐山真面目，只缘身在此山中。

　　这是从宏观上来说的。从微观上来说，就是需要我们更加贴近案件本身。

　　要努力寻找观察案件的内部视角，也就是要对当事人有一种了解之同情，也就是要有一种同理心，换位思考当事人当时的遭遇和感受，思考他当时的不得已，他行为的真实动机，他内心深处是怎么想的，还要洞察案件背后的社会性原因。这就是当事人自己的错吗？有没有什么难言之隐？这是需要我们努力发现的。

　　同理心是打开正义之门的一把钥匙，是开启心锁的钥匙。

只有对当事人表示理解，当事人对你的工作才会表示理解，才会愿意敞开心扉。

你愿意对一个冷漠的人敞开心扉吗？

理解才有可能产生了解，了解才能解开真相，解开真相才能对症下药，才能恰如其分地做出司法裁决，才能最大限度地接近正义目标。

正义其实就是内心的一种感受。

同理心让我们有了一种更加从容的分寸感，我们知道恰如其分的点在哪里，对人性理解得有多深，对正义的把握才会多到位，才有可能实现一个一个具体而微的正义。

当我们用心体会、感受正义的时候，正义才会带着温度实现，当事人才会感受到这份温暖，这份温暖也才会让他们对正义的感受更加强烈。

我们不是全知全能的，我们其实也是尽力而为，也难免有遗憾，但这个遗憾也可以被理解，我们的努力可以被感受到。

所以正义也就是拼尽全力实现的理想和价值。

理想和价值有时太高远，但只要拼尽全力，还是可以实现的。

正义既是宏大叙事，也是润物细流。

正义既需要制度构建的他律，也需要深沉内敛的自律。

让司法官能够对正义有信心而不灰心、不寒心，其他人的正义才有希望。

心中法

王阳明说,破山中贼易,破心中贼难。

说的是什么呢?说的是自律。说的是自我的约束。

康德说,"在这个世界上,有两样东西值得我们仰望终生:一是我们头顶上璀璨的星空;二是人们心中高尚的道德律。"

这是从另一个角度说出了同一层意思。

那就是要建构一套内在的自我约束意识来破除心中的不理性欲念,也就是用道德律令来破除心中贼。

对于一般人来说这就已经足够了,但是对于司法官,这样做还不够。

因为我们不能仅仅依靠道德律令来判案,我们还必须应用法律规范和法治思维破除主观的恣意。

这些法律规范和法治思维不仅仅是外在的、书面化的,它们必须融化于我们的内心,并且形成"心中法",这样才能破除司法官的"心中贼"。

我主张将有形的法律和法治观念内化为司法观，这些司法观就像道德律令一样可以对我们暗中发力，可以不由自主地影响我们的司法行为。

让我们的司法行为不是表面上合法，而是内在地体现法治的精神，让我们发自内心地信仰法律。

我们要求公众信仰法律，司法官就要率先信仰法律，将法治信仰当作司法官的潜意识。

这种潜意识就是在我们自己遇到事情的时候，是选择法律渠道，还是找人；是相信法律还是相信关系；在升迁进步的时候是相信公平竞争还是裙带关系；在办理案件的时候是唯长官意志还是秉公执法。

说白了，这个心中法就是对法治的信念。

公众是否发自内心地相信法治是社会运行的主要逻辑，通过这个逻辑自己可以获得公正对待，在别人破坏法治的时候不跟着一起破坏，即使可能因此吃亏。

在自己可能吃亏的时候仍然像一个"笨人"一样，相信法治是最好的方式。

就像别人都插队的时候，一个仍然坚持排队的人一样，即使因此可能排更长时间。

当然，如果这样的人多了，秩序也就恢复了。

但是如果跟风插队的人多了，这个秩序就很难恢复，那么坚守排队的人可能就是最倒霉的人。

遵守规则的人可能会因为自己的遵守而吃亏。那么这个遵守是值得还是不值得？遵守规则不像愚公移山那么艰难。这只是一个不占便宜的小自觉，但是它又如此不容易，因为很多人都没有坚持下来。

他们的理由也很简单，那就是如果我继续遵守，我就吃亏了啊。

就像很多人都在挤公共汽车的情况下，如果我按部就班排队，就永远上不了车。那么我永远上不了车这个结果谁负责？

乱世枭雄，弱肉强食啊。

如果你老老实实办案，最后让一些不遵守规则的人爬到自己头上，你难不难受？

此时，你的坚守可能就更不容易了吧，因为这些不遵守规则的人拥有了指挥你的权力。

不排队的人会不会拥有更多的权利？因为他们先上车了，他们获得了领先的优势。

所谓一步快步步快，一步慢步步慢。此时，你怎么选择？

你看到别人通过违法手段致富，会不会怦然心动？

如果违法者没有得到及时的惩罚，是不是会产生一种负面的示范效应？

同样的，通过插队提前上车获得了先出发的权利，也没有得到及时的惩罚，那是否暗示我们，排队的人其实是傻子？

这就是机制问题，是公平环境的问题。

所以说市场经济也是法治精神，只有公平竞争规则的建立和落实，才能真正实现勤劳致富，勇于创新，这样的经济才是有活力的。

法治社会中，公平规则会改变社会的面貌，让排队成为一种基本共识和习惯，让任何一个插队的人都受到本能的排斥甚至鄙视。这样插队的人才会减少，而这个排斥和鄙视的内心机制就是心中法。是我们心中认为排队是对的，不排队是错的这样的基本认知，这个认知是从小到大千百次地重复，不断习得的一个常识性认知。这个认知也是一条规则。这个规则也不是原来就有的，而是我们文明不断发展的产物。

所以，观察文明程度也可以从这些行为习惯切入，这些行为习惯背后是心中法。

再进一步，由于排队是摆在明面上的事情，是大家容易看见，容易形成相互约束的一种现象，因此也比较容易形成习惯。

但是其他藏在暗中的利益、更大的事情可能就不是那么容易看到了。

比如上学、就医、就业、升职等，这些就不像排队那么简单，也不像排队那么容易被人看见。

这里原本也有排队的问题，那就是通过已经建立的公平的规则按序进行。

但有很多人根本不符合这些规则中的优先顺序，他们就是希望自己能够优先排序，他们就是想比别人先占有这些重要的机会和利益。

此时他们的心中法就不作数了，他们的心中法就会在重大利益面前发生动摇。

还有很多人说，别人都找人了，如果他们不找，他们就吃亏了。

他们并不是真的想先占利益，他们只是不想吃亏，只是防御性地找人。

这种说法并不是没有道理。

因为如果整体环境就是普遍不公平的，在环境不能及时改善的情况下，自身逾越规则的行为就具有某种自卫的性质，就变得不是那么容易被谴责了。

如果都能找人就算了，但一定还有很多找不到人的人。这样一来就变成谁认识的人厉害，谁的关系过硬谁就可以获得不正当的利益了。

那么社会的发展就演变为一种关系学，最终就是既得利益者胜出，普通人被逐渐边缘化。

如果这样，这个社会就会板结化，利益一旦固化，社会就会失去流动性，从而丧失活力。

而且关系具有相互性，你帮别人办了一件违法的事，你必然就要以金钱或者其他违法的事情进行偿还，久而久之就会腐蚀社会机理，让人不思进取，一味钻营，社会很快就会失去竞争力。

看起来某一个个体占了便宜，但是社会作为整体却是吃亏了。你自己占有的蛋糕份额变大了，但社会这个蛋糕整体在萎缩。个人的利益会蒙蔽人的眼睛，看不见这么长远的事情，或者看到了也不关心。

但是还是有关心长远利益的人，他们制定了法律，并为多数成员所认可和接受。

虽然他们都认可和接受这些理性的和正义的原则，只是践行的时候会不同程度地打折扣。这个心中法就是对规则不打折扣的执行，他们是规则最坚定的支持者和维护者。

他们应该是谁？

他们应该是司法官。

司法官应该是法治火种的守护者，他们胸中应该燃烧着法治的火苗，并让它永不熄灭。

因为他们通过司法行为传递这种法治火种和法治信念，他们是否坚守法律原则和法治观念可以通过司法行为看得出来。

司法官都不相信法治，谁还会相信法治？

司法官都不排队，谁还会排队？

当然，排队的司法官，可能会吃不排队同僚的亏。

这种眼前亏虽然会让他们的步伐慢一点，但也一定可以更稳健一点。

他们可以通过自身的心中法唤醒社会公众的心中法，通过社会公众的心中法来改善整个社会的制度环境，让整个运行机制也更加公平起来。

从而让司法官所处的环境也更加公平，让心中法更加坚定的司法官走得更远。

虽然这里会有一个时间滞延，也会有巨大的反射弧，让司法官心中法的坚守不能及时得到直接的回报和激励——这也是一种理想主义的考验吧。

如果你只是为了即刻、马上的直接回报，也就不是理想主义了吧。

那些耐得住寂寞的心中法坚守者，永远都是社会的脊梁。是他们的"愚钝""朴拙"，才让社会的公正火种不致熄灭。

心中法在，公正的火种就在。

它们是照亮黑暗的一束光。

对自己保持诚实

这是我妈教给我的道理。

我小的时候和很多小朋友一样,怕打针,一听说打针就死活不去,还哭。很多妈妈面对这种情况,就是把孩子哄过去、骗过去,然后摁在那里打。但是我妈不会,虽然她知道我会哭,但她还是直接告诉我去打针,虽然这样把我拖过去肯定更吃力,但她尽量对我保持诚实。

当然,这也是因为我对谎言极为敏感,如果欺骗了我,我就会不依不饶,而且持续很长时间。也可能是考虑到成本问题,算下来还是说真话成本更低。

有一次我妈说周末带我去鞍山,后来不知是什么原因就不去了,我就反复质问她为什么骗我,估计那一次也给她留下了难以磨灭的印象。

所以从那以后,我妈一般不会轻易答应我什么事。一旦答应了,还是想办法办到。

这样带来了一个潜在的影响,那就是我觉得我也应该这么办。

比如,小学老师经常留很多作业,经常要做到很晚,有些数学作业,做完之后是要家长签字的,但我妈上班比较早,睡得也比较早,根本等不了我把作业写完,因此往往都是在空白卷子上签好字,然后她去睡觉,我自己去做作业,自己批改作业。

但我从来没想过偷懒,或者趁我妈睡觉的时候照着答案写。我总是先答完卷再去严格批改,即使有时候错得多,也不想自己欺骗自己给自己制造一个高分,因为我觉得应该对自己保持诚实。就像我妈对我保持诚实一样,我也应该对她保持诚实。

我对她保持诚实的重要内容就是保持了一个真实的成绩。不敢说是好的成绩,但肯定是真实的成绩。

我想,人只有诚实地面对自己才可能有进步和成长。

我不会就是不会,我哪不会我就着重学哪,学得多了自然也就会有所进步。

如果让自己看起来还不错,时间长了就会真的以为自己挺不错的,就会形成一种自我麻痹效应,从而失去了努力的动力,这是最可怕的。

我特别害怕陷入这种自我麻痹的状态。

因此,我的习惯是适当低估自己。

这个不是谦虚。

因为人们对自我的认识具有很大的主观性,也就是容易偏离真实水平,而且这个偏离更多的时候体现为高估自己。

大多数人对自己的判断要高于自己的真实水平。大家可以理性地、仔细地回想一下你对自己的判断和自己所取得的成就,看看是否匹配。

正因此,我一般在初始状态都把自己设想得弱一点,我需要做的事情更多一点,我的对手更强一点,我要克服的困难更多一点。

为此,我就要付出更多的努力,我把这种多出来的努力称为冗余付出。

这些冗余付出有可能是多余的,但考虑到未来的不确定性,包括外部世界可能无法预知的困难,内部世界中可能滋生的惰性,这些冗余往往具有保底价值。

它们能够增加成功的概率,为目标的达成上了一些保险。

随着时间的流逝,这种对自己保持诚实的理性状态并非能够时时保持。

对自己保持诚实需要一种非常冷酷的心态,对自己近乎残忍的诚实。

尤其是在挫折和逆境中,几乎不给自己任何安慰,自己揭示最严酷的现实,即使可能让人非常绝望。

但只有那些让人近乎绝望的现实才是最真实的,才是前进的阶梯,你必须知道自己所处的位置和实力水平,才能往前迈一步。

即使这一步其实非常微小,即使起步很低,也没关系,只要你持续走下去就可以走得很远。

正因此,对自己保持诚实是长期主义的前提。

因为你相信长期主义的力量,就不会过于担心眼前的现状,你的眼光可以超越现实。

但是你的脚步必须植根于现实,因此我觉得对自己保持诚实就是一种现实主义。

不管过去的一年收获了多少,失去了多少,都不要欺骗自己,必须跟自己交底,你才能真正了解现状,真正再出发。

因为你要盘算从现状算起到目标之间还有多少距离,根据你现在的水平加适当的增长速度需要多长时间才能完成,在这个过程中需要维持怎样的增长水平,这个增长水平需要怎样的付出,而你能有什么样的付出,你有多少资源可以付出。

你还要思考,你现在是一个什么水平的人,能干成多大的事,干成过多大的事,有多少精力和时间,在新的一年能够实现多大的成长。

这些结合在一起就是你的基本盘,面对自己的基本盘,不能忽悠自己。

不要定那些好高骛远的目标,然后一次次让自己失望,自己都不想再相信自己,要从天上回到地下,走好每一步就行了。

自己对自己的信任,也是需要积累的。对自己保持诚实,就可以积累自己的信用。

自己首先相信自己,才能让别人相信自己。

及时反馈

及时反馈是一个很好的习惯,但又因过于微小而不容易引起重视。

有的人做事干净利索,但就是不回应,以至于你也不知道他做完了没有。所以,就要经常问一下。如果你不问,他一般也不会主动说。这就一种反馈黑洞。

这样一来,关键时刻就可能很着急,比如你认为虽然他不回应,但到这个时候也应该做完了,所以你就会预判他做完了,然后你就等着进行下一步。

但当你跟他确认的时候,他却很抱歉地跟你说,那个事情搞忘了,结果下一步就必然受到影响。

如果每次都要问一下,一方面你自己很累,另一方面对方也会很烦。你每次问,人家每次都说做完了。感觉自己很没有耐心和涵养,简直是一种强迫症了。

所以问时间长了,自己都不好意思问了;但是时间长不问了，就容易出状况。

关键的问题是，事情多的时候，你也可能也就忘了问，直到很久以后，你突然想起来，追问起来，他回想半天，结果真的搞忘了，没做，那就无法弥补了。

在这种无法弥补的情况下，也只好咬着牙说也没事，其实事已经耽误了，有事又能怎么办呢？

所以，及时反馈其实是一个非常重要的品质，是一个人不耽误事的底线。

有的人可能觉得，我只要干了，就问心无愧了，我为什么要事事反馈、事事报告？烦不烦呢！

我认为，反馈是社会协作的核心。

人的能力有高低，工作完成的程度有质量差异，但是否完成，完成之后是否反馈，体现的不只是态度，还包括协作的意愿。

虽然我们把事情及时办完了，看似第一时间解决了对方的难题，但很多时候如果我们不通知对方，对方是无从得知的。

这是信息不对称，认为完成任务就是责任的终结，其实这是一种狭隘的错觉，或者说是不完整的。

作为社会网络的一分子，我们的任何一项工作，任何一件事都是与其他人、其他事息息相关的。

很多事情就是别人拜托我们做的，虽然同事之间并不需要那么客气，但也有一个衔接问题。

交代的工作完成了，这只是任务的一部分，还不算是完满，只有交接给对方才算是完满。

就像接力赛跑一样，并不是把自己的100米跑完就行了，一定要把接力棒交给下一个人才算是完成任务。

如果对方接得不好，还要多跑几步，帮助把接力棒交到对方手中，即使为此多跑几米也是应该的，因为你们是一个团队，你不是自己在跑100米，你跑的是4×100米。

交棒不是冗余动作，而是必经的一环，没有这个关键一环，下一步就无法完成。

按照规则，如果在交接区仍然没有完成交接动作，那么这个组就算违例，整个组都没有成绩了。你说这个交接的动作重不重要？

我们都值过班，我们能在下一班同事没来的时候就走掉吗？即使你的时间已经到了。如果我们走掉了，在这个空档期出现任何的事故，我们不要承担责任吗？

虽然你可能晚一点回家，但也要继续等下去，因为这个交接是值班的责任之一。

虽然我们的很多日常工作，并没有那么严格的交接要求，并没有明确规定通知义务。

但作为具有协作能力的人，及时反馈就体现了一种交接意识。

即使慢了一点，手生了一点，但是只要做到有交代就有反馈，那你就会成为一个很好的合作者，更多的人就愿意跟你合作。

只要跟你合作人们就会放心，因为无论是否能够顺利完成，或者中间是否出现一些变故，你都会第一时间告知对方，让对方安心。

让对方安心是很重要的工作情商。

因为别人可能很着急，即使嘴上不说。

如果我们完成任务之后，及时告诉他们一声，他们就可以踏踏实实下班，安安心心过周末，全身心准备下一步的工作，就可以不用为这段工作任务所烦恼。

但如果不反馈，即使已经完成了任务，对别人来说也是一个信息黑洞——对方怎么会知道你的进度和质量呢？只有你自己知道对别人是没有意义的。

即使你的工作质量很高，看起来无可挑剔，但你让对方担心了大半天，这种情绪上的损失也让你的工作质量打了折扣。

此外，因为没有及时与对方进行信息交互确认的习惯，就无法通过反馈而进行工作校验，这至少失去了一个及时提醒的机制。一旦忘了，就真的忘了。

如果有反馈的习惯，对方也会有一种正常的期待，一旦你不反馈了就说明有异常了，针对异常他们也会盯问一下，这个盯问就又是一重补救机制。

如果你平时就不爱反馈，别人自然就不好多问，也怕你烦，就只能听之任之。看起来好像是轻松自在了，却丧失了自我提醒和对方提醒的双重保障机制，让自己孤立无援。

时间长了，别人就会认为你不好合作，合作起来比较累，老是需要别人追问你，即使追问半天，也还是不会主动回应，这就给别人增加了太多的负担。

及时反馈看起来只是一种礼貌行为，实质却是融入社会的一种协作能力。协作的关键不在于工作本身，而在于交流、协作。

只要懂得协作，即使基础差、底子薄，只要处处为别人着想，急人之所急，别人就会急你之所急，其他人也会更加在意你的感受。

因为尊重是双向的，在意别人就是对别人的一种尊重，只有尊重才能赢得尊重。

获得了更多的尊重就意味着获得了更多的合作机会和发展渠道，也意味着更多的提升空间。

及时反馈是一个简单而又难得的工作习惯，值得拥有。

等有空的时候再说

这句话经常听人说。

有时候是对别人说的,有时候是对自己说的。以我的经验来看,有了这句话也就没有了下文。

以写文章为例,如果说了这句话,那就根本写不出来,也不想写了。

等有空的时候再说,意思是眼下没有空闲的时间。

工作和生活中,总是有各种各样的事情,即使真的有空了,也可能给自己再找点别的事,让自己空不下来,这样就永远不会有时间。

当然了,我们经常要面对必须完成的任务,因此是没法找托词的,只能硬着头皮去完成。

即使如此,我们也经常会拖到截止日期的前几天或者最后一天来疯狂突击,结果往往搞得很紧张。这是一种普遍性的拖延症。

对于那些重要而不紧迫的任务，就更加拖延。拖延的原因是没有压力。

想马上动手，但没有准备好，也怕完成不好，就要多准备。准备是需要时间的，就又需要有空再准备，而问题是总是没空。

这又是为什么？

为什么我们明明知道重要，知道需要时间准备，结果还是没时间呢？

这是因为我们习惯于完成紧迫性的任务，那些马上要到期的任务是必须完成的，不到期的我们又不着急，结果手里的工作就都是要到期的了。

如果没有要到期的任务了，算不算有空？是不是该忙点正事了？

但一想到这个任务的艰难，而且不紧迫，就会感觉是自找烦恼，也会感觉无趣和没有意义。

这个时候就又想再偷点懒了，或者说让自己放松一下，劳逸结合嘛……反正总是能找到理由说服自己。

我小的时候晨跑，就总是要与不想起来的意念抗争一下子：有那么温暖的被窝为什么要起来？学习那么累为什么非要跑步？多睡会儿觉也有利于学习啊……

如果不能战胜这些念头，就根本起不来，只要有一次起不来，就会有第二次起不来，然后起不来的次数就会逐渐增多，最后就彻底起不来了。

在那个迷迷糊糊的时刻，除了咬紧牙关将自己从被窝硬拽起来，其余是毫无办法的。

写东西也一样，这本来就不是一项硬任务，没有人逼着你一定要写一定要完成。

那为什么一定要写？

你想好要写什么了吗？你准备好了吗？

是不是应该抽一些时间好好准备资料，或者说自己还年轻，积累几年经验再写不迟？

这些听起来也都蛮有道理。

但结局我知道只有一个，那就是根本就不会写，也不会真的为写作去准备什么，一切都会归于平静。当你有点儿失落，后悔这几年怎么什么也没有写出来的时候，其实已经晚了。

我的建议是，当你有一个有价值的想法，就应该马上付诸实践。

尤其是像写作这种个人化的东西，完全不需要进行复杂的统筹安排。先写起来就是了。

如果准备不充分怎么办？

我认为永远没有准备充分的那一天，你不会真的为这个没有明确的时间表的事情而准备什么，所有关于没有时间的说法都是借口。

你只是在拖延动笔的时间而已。

因为写作是创作过程，是一个无从到有的过程，是需要进行内心挖掘的。而且写作成果还需要见诸于众，也是一个展示的过程。

很费力，但不一定讨好。

也许自己很努力，但别人不一定买账，甚至会招致批评。

如果不写，这些麻烦自然都没有。

写了，就一定要面对这些复杂问题，这也是让人纠结的原因。

我认为，批评也是一种反馈，也是一种互动，有利于我们了解自身，从而帮助我们有针对性地提高。

不抛出一个观点，还以为自己挺明白的，一旦把观点呈现给公众，才知道人外有人，天外有天，总有一些自己想不到的地方。

这种时候被人指出来，其实是一种幸运，能够尽快完善自己的知识结构。

永远不说，就永远也完善不了，就会变成一种低水平的自以为是。

写作—批评—写作—批评—写作，是一个反馈与提升的过程，也是公众在帮助你成长，让你对事物的认识越来越全面和理性，从而让自己成熟、加速成长起来的过程。

所谓的准备，我认为也不用刻意为之。

越是刻意为之，越是会无限制地拖延。

应该是写起来再准备，通过输出倒逼输入。

我们平时的阅读，一般是没有紧迫性的，翻翻看看，看也行不看也行。但是如果开始写东西，那就必然是书到用时方恨少，就一定会想多看几本，甚至会有针对性地找书阅读研究。这些研究的成果就会很快转化为自己的观点。

当然，这些还都是二手经验。

更重要的是，你对平时的工作实践也将更加留心。

为什么？

因为你要找选题，找问题，找答案，甚至找解答过程。

这些实践就是最好的素材，就是最鲜活的资料，是无比宝贵的财富。

这些在写作之前是感觉不到的，甚至都会感到有些无聊。但因为你要把它们描述出来，分析出来的时候，你就观察得更加仔细，在工作和生活中更加留心，你的感受必然会更加细腻。

因为你留心观察，用心总结，原来平淡无奇的工作实践就变得印象深刻。

既然能够总结出来，发表了自己的观点，这些实践的经验和体会就转化成你知识网络中的一个点。

既然可以把它写出来，必然也可以讲出来。

这些知识点和经验点就可以成为你随时调用的知识。

可以随时调用的知识多了，它们就又可以串联成为你可以随时调用的知识网络。

因为知识网络的完善，你的整个人也会变得跟以前有所不同。实际上，通过写作这个行为你实现了某种意义上的加速进化。

之所以是加速，是因为有了更加深入的观察和实践投入，更加充分地吸收前人的经验，更加系统地总结自身的经验，寻找更多解决问题的思路，与公众形成更多的互动，让自己的知识网络更加完善。

你见过的东西多，知道的东西更多，脑子里的东西更多，这是在一个更短的时间内完成的，因此你的进化速度也就显得快了一点。

只要写作的过程持续，加速进化的过程就会持续。

这一切其实很简单，那就是马上就做，别等有空的时候再说。

说服别人的时候，没法念稿

我常常有一种体会，那就是在说服别人的时候，一定不能念稿。或者说，念稿是一定不能说服别人的。

在一些成功说服别人的场合，一定是瞪着眼睛说的，一定是慷慨激昂，一定是充满感情，这样才有可能产生说服的效果。

为什么？

因为想要说服别人，必须火力全开，眼睛要直视对方，不仅仅是通过眼神传达信息，也需要对方注视过来以便更加充分地接受自己的观点。

一旦对方眼神回避你，看向别处，哪怕只是目光空洞散漫了，那也说明他的注意力流失了。

这也说明你的话他没有听进去，连话都听不进去，没有兴趣听了，还谈什么说服呢？

如何让对方保持全神贯注，保持高度的注意力呢？

那就必然需要自己全身心的投入，眼神的交流是再加码，体现耳目全开，全方位、沉浸性的感官感受。

此时，眼神承担着交流的重要任务，两眼不能盯着稿子念。

念稿子就意味着你对这个事情还不是很熟悉，还不能脱口而出，或者你对自己的观点还不够自信，不能即兴发挥。

你不能脱离稿子，一是说明你的准备不够充分；二是说明你的水平不行，还不能驾驭复杂的局面；三是说明你不够笃定，也不够自信。

既然你自己也不够确信，对整个事情也说不太清楚，那对方为什么要听你说呢？继续听你念稿子不是浪费自己的时间吗？

念稿子的行为直接导致自己的水平被看低，真诚度受到怀疑，从而丧失了交流的基础。

这也是对方会失去耐心的原因。

而且反正你也没有看着他，他也就没有义务看着你。

还有一个重要的原因，那就是说服别人时，往往是双方观点发生了分歧，讨论到比较激烈，甚至到了白热化的程度。

这就是一种非常复杂的语境，双方观点高度交织，以前准备好的东西，该说的都说得差不多了，谈判几乎处于破裂的边缘，马上就该起身离场了。

你想想，在这种情况下，念稿子会导致什么样的后果？

人家转身就走了，听都不会听。

为什么，因为念稿子就意味着重复以往的观点，因为你不可能为这种瞬息万变的场合准备好一套新的说辞，这个时候只有脱口说，综合以往的观点再试图从新的角度切入，紧密结合现场的焦点，才有可能另辟蹊径。

而且脱口说更加能够结合情绪反应，声情并茂，入情入理，这不是念稿子可以实现的，现场也没有这样的稿子可以准备。

因为在说服别人的时候，必须应对不确定的局面。

只有通过现场反应、临场发挥，眼神交流等全情投入才可能创造出一种浓烈的说服语境，让僵住的局面有所缓和。

所谓的说服其实在改变心智，也就是转变别人已经形成的确定结论和既有观点，这是极为困难的，是需要非常强大的心理影响的。

而且通过前期的争论必然已经形成了一定的心理防御机制，你再说什么对方也不太想听了，因为立场不同、利益不同，因此大家都有很强的防范意识。

在这种交流受阻的情况下，我们就更要打开所有的表达通路，那就是必须耳目全开，即兴表达。

只有这样才可能实现最强的信息传递。抛弃眼神交流，抛弃与现场语境紧密呼应的口语表达都很难完成这个艰难的任务。

我们往往以为书面表达更加深思熟虑，更加理性，因此信息量更大，更加严谨可靠。

事实并非如此，因为语言是一种交互式的信息传递媒介。

说话有要上下文，要与语境契合。书面表达是提前准备好的，往往缺少现场语境的潜入。

当初设想的上下文和语境可能在现场发生了巨大的变化,却来不及调整。

如果机械念稿子,就让人感到你完全是自说自话,完全是放弃交流和拒绝交流,没有顺着语境去说,这就必然产生听不进去的问题。

语言从来不是单向度的表达。

表达必须考虑接受的问题,要从受众角度考虑表达的方式。

在需要说服别人那个关键一刻,我们必须使出浑身解数,紧紧抓住对方的注意力,从他感兴趣的、能够接受的内容入手,充分考虑他能够接受的表达方式和表达内容,这些都是结合现场感受才能组织起来的,一定是现场组织的,不可能是提前准备好的,只有现场感才会让人感到契合主题,才会有倾听的欲望。

说服必须从满足对方的倾听欲望开始。

首先就是让随时可能离场的对方坐得住,要稳住对方。

其次就是不要拖泥带水,必须直切主题,而且这个主题一定不是提前设想的宏大概括的主题,一定就是在现场发生的精确具体的主题,是带着语境的主题。

再次就是创造新的表达方式,不能再把准备好的老话重说一遍。这个新的表达方式必然不是提前准备好的,一定是现场想出来的,是根本来不及落笔的,必须当时、当场表达出来。这种新的表达方式是对说服对方的再一次尝试,也是对此前表达融合现场的再一次升级。

最后就是始终保持眼神交流,始终把握对方注意力的最新动态,通过这种动态的反馈来及时调整语言表达的方式和内容,从而为表达争取时间,通过保持对方的高注意力而产生最大影响效果,也就是说服效果。

我听过很好的稿子,但是在关键的时刻,往往是不可能有稿子的,所以说服力的关键就在于即席表达能力。

走出舒适区

工作时间长了,特别依赖于惯性,依赖于按照以往的惯例往前走,所走的路都是之前惯性的延续。

办任何事情都要找模版,如果没有模版就不知道怎么干,或者干脆就不干了。

写个通知要找模版,写个方案要找模版,办个案子要找模版……干什么都要模版。

这个模版可不是文书样式,而是需要实质的内容有相似性,也就是别人干过的事,我才能干、会干,否则就无所适从。

那么第一个通知,第一个方案,第一个此类案件的审查报告是谁写的呢?

显然总要有人吃螃蟹,总要有人做一些创造性的工作,其他人才可以模仿。

如果总是习惯于模仿,就会日益地失去创造性。

创造性来自于走出舒适区,不能完全顺着惯性思维走,总要变点花样，总要有所不同。

当然这些动脑子的工作，会比较累，会没有前例所依循，可能有纰漏，需要不断试错。

用既有的模版、惯例，非常成熟，不用费心费力，可以驾轻就熟，也避免了试错的风险，减少被批评责备的可能，似乎更加稳妥和安全，对个人成长更加有利。

但现任因循守旧，故步自封对整体肯定是不利，长此以往就会失去活力。

这个事怎么讲呢？

就像每天只吃一样的菜，绝对无法忍受。

工作也一样，如果总是千篇一律，受众也会失去新鲜感，容易疲劳。

人总是需要多样性的刺激，才会保持注意力。也不仅仅是换个花样那么简单，还需要迭代升级，不断提升水平，这样才会不断提高能力素质。

为什么要不断提高能力素质？

显然是办案要求不断提高、人民群众法治诉求不断提高的客观现实决定的。

十年前的办案水平，以现在的标准来看，很多就是不合格，这就是标准不断提高的产物。

如果我们的办案水平十年不提高，在如今的社会评价来看，也是不合格，因为无法跟上时代的脚步，这就如逆水行舟不进则退。

即使我们也在进步,但进步得不够快,相对于平均水平来说,也还是处于下游,显然也就谈不上高质效。

即使原来处于素质能力的高地,拥有天然的资源等优势,但由于在模式创新等方面落后了,也有可能被所谓的落后地区反超。

我们为什么要走出舒适区?

因为太舒服了,走不快。你是散步,人家是跑,人家可能比你累,比你不舒服,但是在一个比较长的旅程上,人家一定会超过你。在超过的距离比较大的情况下,即使你再跑也很难追上了。

在马拉松赛道上,自己上了一次洗手间,然后要追一个跟自己配速差不多的队友就几乎不可能了。因为你跑他也跑,速度差不多,你要是想追他就必须耗费极大的体力来提高配速,这在长距离运动中是极为危险的,所以一般人也就不追了。除非别人等着你。

但是我们知道,在竞争这条道路上,是没有人等着你的。

之所以要走出舒适区,就是因为我们生活在竞争环境中,不是溜达着玩儿。

我们每个人、每个组织都处在竞争的赛道上,无法躺平休息。

只要躺平就再也追不上了,所谓一步慢步步慢。

那我们为什么一定要竞争？为什么不能打和平球，你好我好大家好呢？

因为资源是稀缺的。

凡是你看中的资源，无一不是稀缺的，岗位职位、晋升机会、评优评先等，这一种金字塔结构，越到上边越稀缺，当然也更吸引人。

因为稀缺才有价值，才有激励作用，如果谁都可以拥有，也就没有什么值得珍惜的了。

因为稀缺，别人得到了，你就得不到，你们自然就要为此开展竞争。

从学校一路走来，其实我们一直都在竞争，考试、升学就是一种竞争，因为好的学校总是稀缺的。

从好的学校毕业，想要找到好的工作，还是需要竞争。

如果你不通过这些竞争，是不可能来到这里的。

当然了，很多人经过长时间的竞争就有了疲劳感，想要歇一歇。

但是在你休息的时候，竞争并未停止，只是这个竞争没有升学考试那样具有明显的仪式感和计划性。

在工作中的竞争是潜移默化的，不是期末考试升学考试那样可以突击复习的。

你不知道竞争什么时候开始，也不完全知道竞争以何种方式来评价。

但你需要知道的是，竞争无时不在无时不有，你不能让自己太舒服，你要不断超越自己，对自己提出更高的要求，至少不断地持续努力。

在职业的竞争中既要比结果也要比过程，如果你的这个工作成果是抄袭别人的，大家迟早知道，这同样地暴露出你没有创造力的事实。

尤其是还养成了这样的习惯，张口闭口要模版，写什么东西都要个模版，这就说明你的思维活力已经下降了，依赖性很强。一些复杂的活儿，创新的活儿，你干不了。

抄袭模版的习惯让你自己只能处于一些打下手的境地，无法独当一面。

没人放心让你应对不确定性的任务，因为不确定性的任务可是没有模版可循的，需要随机应变。

创造力与独立承担职责的能力成正比。

社会充满了不确定性和复杂性，只要独立负责一摊工作就必须与复杂性和不确定性打交道，就必须摸着石头过河，就要自己想办法，这不是待在舒适区的人能够应付得了的。

只有走出舒适区才获得创造力，进而形成自己的竞争力和独立承担重要任务的能力。

对于一个组织也一样，也一定需要不断面对新的环境，需要不断进行模式创新。

现代社会资源流动明显增加，包括人力资源、信息资源，也包括复杂敏感案件的分布。

就像市场要素会在市场中被不断优化配置一样，经济发达的地区和企业可以聚拢更多的市场资源要素。靠的是什么？靠的不仅仅是自然资源和地缘优势，现在还越来越依靠模式创新。

也就是制度越是有活力，就越是能够创造更加先进的生产力。

司法领域也是如此，地缘的优势在整个综合竞争中越来越不占据决定性的地位。不能认为凭借地缘优势就可以高枕无忧，就可以自然而然地获得其他的资源要素，进而获得天然的优势地位。

天然的优势地位已经越来越不明显了。相比之下，通过模式创新所形成制度优势越来越明显。

同样的人才和案件资源，也要看你怎么用，用法不同发挥的作用就必然不同。

持续通过模式创新，并进一步迭代创新，就可以变劣势为优势，形成对资源的吸附效应，使队伍更加有活力，案件质效更高，人才辈出，经验频出，至于成绩表彰势必接踵而至。

这就是走出舒适区所带来的结果。

在资源要素流动越来越频繁的时代，谁也无法垄断、拦截这些资源，只能通过模式创新在竞争中获取。

整体上走出舒适区的能力，也就是整体上的模式创新能力，可以成为一地司法机关的重要优势所在。

我认为，这个创新主要包括三个层面：一是理念的创新；二是人的创新；三是制度的创新。

理念的创新就是要不断解放思想，形成突破以往惯性思维的能力，鼓励新的思路和观点不断涌现。

人的创新，就是要有创新能力的人才，使创新能力的人才发挥引领性的作用，没有创新能力的人就没有创新本身。

制度的创新，就是对既有制度不断迭代升级，有些是改良型的升级，有些是变革性的升级，要让司法制度越来越适应新的时代需求，敢于打破依附于以往制度的既得利益。

从猿到人的过程，始终是一个不断走出舒适区的过程。

法治发展道路，也必然是一个不断走出舒适区的过程。

永不止步

大赛落幕,一切总会归于平静,无论是欢喜还是忧愁。

日子还要照常过,案子还会照常分,据说系统有补偿性分案的功能。

我并不是十分有资格谈论比赛,因为我一直不是比赛型的选手。

因为我特别的慢热,学得慢,消化得慢,当然了我散热也慢。

我参加过侦监比赛,公诉比赛,也参与组织过此类比赛。

这些比赛很磨人,也很锻炼人,也很重要,获得的光环会让整个职业生涯受益。

但是对于大多数人来说,其实主要是参与一下,与光环无缘。回去了依然是你,时间长了就很容易淡忘,虽然当时是刻骨铭心的。

有的人入戏深,一半会儿走不出来,过多纠缠于胜负得失,情绪难以平静。能够云淡风轻的人是极少数的,大部分人总会想办法平复如此激烈的情绪。

但我想说的是，比赛是一时的，办案子却是一辈子的。

说实在的，我也曾经为我参加的有限的比赛懊恼过，有的时候觉得很遗憾，有时候甚至会怨恨电脑老化，打字反应慢，搞得用不了多久就要让它冷却一会儿。

似乎比赛失利就意味着失去一切，让一切都变得灰暗、没有光彩了。

似乎失去了这次机会，就失去光明的前途了。

有时候我真的很庆幸我没有拿过什么太大的奖项，这让我始终不敢停步。

我没有什么光环可以炫耀和依凭，我只能靠日常工作学习的每一点努力取得进步。

这些点点滴滴的努力看起来如此微小，以至于很长时间都看不到变化，让我觉得努力没有用，从而继续失望。

但是失望也没有用，后悔也没有用，遗憾也没有用，这些都不能解决眼下的问题，都不能使前途增加一丝一毫的光明。

唯有永不止步，才有可能见到更多的光亮。在失望的时候，我们需要更加坚定的信念。

在漫长的人生旅途中，确实有几个关键性的时刻。有的人抓住了，有的人没有抓住。

但这并不等于人生只有这几个关键时刻。通往彼岸的道路并非只有一条。需要问的是，你到底要到哪个彼岸？我们还要不断地问自己，我们要的到底是什么？

从整个人生的角度看，你活一辈子到底想干什么？你希望在你的墓碑上刻上什么？你希望离开的时候留给这个世界点什么，留下什么样的印记？

比赛并不直接对世界产生影响，这是它与真实办案的本质区别。

比赛只是一个开始，一个让你在办案中获得更高质效的开始。

但我们知道办案除了能力，更需要的还是责任心。

责任心由哪几部分构成？

1. 细心

很多案件的问题都隐藏在细节之中，只要看得足够仔细就能够发现。比赛本身也考验细心，只是真实的案件会更加复杂和琐碎。

2. 耐心

面对案件中的复杂和琐碎，我们有没有足够的耐心？真正的办案往往不是几个小时的时间，而是几十天、几个月的时间，而且案件源源不断，我们能不能持久地坚持下去？

3. 同理心

仅仅了解证据事实和法律也不够，还要看我们能不能理解案件的本质，能否设身处地地从当事人的角度考虑问题，去思考那些不得已之处，愿意倾听那些离奇的理由。

如果我们只是机械地适用法律，那么越是精通法律就会越刻薄，活成一个精致的刀笔吏。

你总是能够找到构罪的依据，找到小众的学说来支撑你的观点。但是普通人会怎么看？我们是否会关心普通人的看法？这是一个立场问题。

如果失去感情，能力就可能变成一种可怕的手段。

4. 平常心

办理平常的案件并不会得分，许多案件正常处理也不会加分，日常生活缺少那种快速的直接的激励，需要我们耐得住寂寞。

没有激励、没有奖励、没有说法的日常性办案，我们要不要投入精力？会不会因此而放松标准？

会不会觉得没有挑战性，没有关注度就放松要求，从而看不上普通的案件？

案件到底是获得业绩的手段，还是获得公平正义的路径？

这也决定了司法官的政绩观。

5. 正义感

精通法律并不会自然而然获得正义。获得正义还需要正直的良知。

因为越是了解法律，越是觉得可以做多样解释；越是熟悉证据，越是能够取舍事实。反正都能说出理来，可以任意抽取立场。

如果这样，那么我到底应该从本心出发，还是揣摩上意？揣摩过后与良知相冲突怎么办？

我们会不会顺着别人的意见说，看着别人的脸色办？

我们是灵活还是耿直，这将决定正义的面貌。不执着于正义就不会真正获得公平正义。

到底为了什么而办案？这是需要我们想清楚的问题。

我们是否还具备这样的责任心？是更加具备了，还是慢慢遗失了？

能力与责任心并不直接画等号。

我们都知道，只要有责任心，即使能力弱一点，每次都要翻很多的书，问很多的人，耗费更多的时间，感觉很吃力，也还是会慢慢好起来。

因为你的每一次费劲都会有收获，这个收获会叠加累积从而逐渐形成一种能力，让你熟能生巧，让你不断实现自我超越。即使在很多人眼里，你的这种超越，只是达到了平均水平而已。

但只要你延续这样的状态，在达到平均水平之后，还会继续提升，甚至是加速度提升，因为你累积的知识和能力会不断发酵。

反倒是过于自以为是，以为自己什么都懂了，不再关注新的司法解释和案例，不再注意学习，不拿简单的案件当回事，才有可能犯一些低级错误，才会影响到案件质效。

而且只要不学习时间长了，谁都架不住知识更替，即使原来看了很多案例，但只要几年不看，就会感觉业务形势的变化太大了。

在立法和司法发展得如此迅速的时代，没有人可以躺着办案，都必须坐起来，最好站起来、跑起来。

也就是不管你的起点低还是高，永远不能止步。否则就有可能被时代淘汰。配速低不要紧，关键是一直跑。

我在马拉松的赛道上发现一个道理，那就是即使再慢，跑起来也都比走要快，更不要说比停下来的人快。

我写得也不好，但我一直写。

我今天的不好与昨天的不好相比，总归要好一点点。

而这个好一点点在一个较大的时间尺度上就会产生指数效益和规模效应。

因为，那个一点点的好是复利。

永不止步就是永远相信量变的作用。

量变是一种长期主义的信念。

后　记

　　特别感谢电影《第二十条》主创团队，让我的"你办的不是案子，而是别人的人生"这句话得到了更大范围的传播。本书的书名也来自于我按照最高检安排为《第二十条》所做的影评《法律不是冰冷的逻辑》中的最后一句话"法律不是冰冷的逻辑，法律是公道自在人心"。幸运的是，这句话与这篇文章也得到了一定范围的传播，被央视及各种官方媒体转载。稍加调整之后就成为现在的书名《法律不是冰冷的逻辑，而是公道自在人心》。这句话似乎与"你办的不是案子，而是别人的人生"形成了某种呼应。

　　从"案子"到"逻辑"，从"人生"到"人心"，是一个更大范围的扩展，也是对人性的不断坚持和强调。从"你办的不是案子，而是别人的人生"这一句话到"法律不是冰冷的逻辑，而是公道自在人心"，这一路走来，也有七八年时间了。周遭在悄然发生着一些变化，已经由最初对"你办的不是案子，而是别人的人生"不以为然，到对此习以为常，甚至成为口头禅，言必及人生。大家的司法理念确实不一样了。就像一位老检察官说的,我们那个时候办案哪里会想到别人的人生啊,现在大家都在谈别人的人生,时代真的不一样了。

现在又从"人生"谈到"人心",语境又不一样了,但是心是一样的。

在人性司法这条路上,我会继续坚定地走下去,不断往前走,往深处想。

本书的创作一如既往地得到了家人和朋友的默默支持,微信公众号"刘哲说法"的读者也给了我很多的鼓励和反馈,从他们的点滴留言中我也体会着一份沉甸甸的责任。

我还要感谢清华大学出版社刘晶编辑以及其他工作人员的持续付出,他们出版的系列书籍也是在不断自我超越,向他们致敬!

2024 年春于西直门